U0035070

in
硬MOOK
投資001

7 天,
股票新手
到獲利

新米太郎【編著】
恆兆文化【出版】

別惹我！
因為使用本書我將非常有錢。

2009年版家計簿

智慧型的財務記帳
是每位投資人必備手邊書
高風險投資
第一步是先做風險控管
有了它
世界將因此完全歸你掌握
依每人習慣不同有－－
○ 365日記式
○ 信用卡式
軟皮精裝‧大菊八開‧199元

郵局劃撥：帳號/19329140　戶名/恆兆文化有限公司　● ATM匯款：銀行/合作金庫(代碼006)/三興分行/1405-717-327091　● 貨到付款：敬請來電02.27369882告知送貨地址即可 ● 網路刷卡：網站www.book2000.com.tw

CONTENTS

Day1

今天是第一堂課，

先瞭解淺顯易懂的股價圖知識。

什麼是股價圖？

怎樣看股價圖？

從這裏邁出股票買賣第一步！

基本的股價圖知識

買賣股票獲利，必須選對買賣時機！透過股價圖可以判斷好時機出現的位置。評估股價買賣時機的方法有很多，股價圖算得上是一流的工具！

尋找好個股，抓住好時機

投資人如果採取短期交易策略的話「抓住好時機」尤為重要。

舉兩個極端的例子。比如，業績一塌糊塗的股票，只要能順利抓住時機，就能獲得利潤；相反的，即使買到了很好的股票，時機如果不對，還是會出現損失。

當然，尋找優良股也很重要。我們將在後面講解尋找優良股的方法——基本分析。對於股市生手而言，要先確認自己的投資偏好是長期投資?還是短期交易，如果你只想賺取低買高賣的價差可以說還是以「抓住好時機」為主，以「尋找好股票」為輔；相反的，如果你是進行長期投資，那麼，就要以「尋找好股票」為主。

可是，不管你採用的是那一種交易方式，如果交易時機不對，投資效率就會降低。因此，在長期投資中「抓住好時機」也十分重要。

附帶一提的是，國外有些大型投資機構其投資策略幾乎不考慮「時機」，他們是透過縝密而繁複的計算公式評估出企業的「價值」，進行十年甚至更長的投資(詳見「股票初見面 指資指標」一書)，那種大型外資法人的投資手法就另當別論了。簡單來說，當他們認為某一家企業內在價值是200元/股時(這個目標也許5年、10年之後才能達到)而現在股價只有60元，他們就進行策略性的買進，此時股價不管已經漲到100元還是跌到50元，對他們都沒有影響，立場就是買買買。但一般散戶就不能不重視「抓住好時機」以發揮交易威力了，別說60元買與100元買差很多，就只差1元、0.5元也關係著買賣的成敗。

因此，每位股市新鮮人都得學會看股價圖，股價圖是記錄過去股價變動的圖表，從股價圖中可以讀取股價走勢和規律！

從股價圖看出轉折點和走勢

透過股價圖中的「移動平均線」和「趨勢線」，投資人一眼就能看出行情現況。比如，「某個股持續順利上漲，如果現在出手，應該能在短期內賺上一筆」。同時，股票的變動中也會出現一些標示轉折的行情「轉折點」。比如，「降到某點後很容易反彈」、「如果上漲突破了某個價位，將會持續加速上漲」。使用記錄股價的各式圖表可以讓我們興致盎然的找出這樣的「轉折」。此外透過成交量則能夠判斷行情能量的強弱。第一堂課就先了解股價圖的基本看圖法。

● 你是短期派？長期派？

○希望很快看到交易結果
○喜歡看圖表
○傾向一點一點積累利潤

○希望不慌不忙的進行交易
○不覺得學習財務分析很痛苦
○很想看到股票倍番

短期交易派

長期投資派

使用股價圖為主，
以分析財報指標為輔

使用財報指標為主，
以股價圖為輔

不管你是哪一派
圖表都是判斷買賣時機的晴雨錶！

Key-Word

長期與短期投資優缺

　　長期投資與短期買賣有各自的優點與缺點。對某公司的未來業績充滿信心的情況下一直持有股票，有可能出現價格上漲到買進時的好幾倍，這是長期投資的優點，而且長期投資不需要頻繁的查看股價，不過，如果預測錯誤，就有可能遭受價格下跌的損失（詳見「股票初見面 長期投資」一書）。與之相比，短期買賣由於將股票的持有期間限定在一小段時間內，所以遭受巨大損失的幾率較小，而且能夠獲得更多的挑戰機會。不過，每一次的利潤會比較小，而且比起長期投資，需要不厭其煩的操作。

股價圖

　　股價圖是表示股價變動推移的座標圖。可以在股價圖上查看價格變動，還可以在圖表上畫輔助線以判斷交易時機。

K線的畫法

右圖是網路上一般常見的股價圖，構成這張圖表一根根棒線圖，就是K線。

據說，K線是日本的米市早期用來記錄價格的工具，現在則普遍用在股票、期貨等金融工具的交易上。

K線的畫法很簡單，只要掌握住「開盤價、收盤價、最高價、最低價」這四個價位，之後把開盤價與收盤價之間塗上顏色即可。所以一般看到的K線就像一根桿麵棍一樣，桿麵棍的上、下兩端是最高價與最低價，中間實體的部份是開盤價與收盤價。最高價與實體之間留下的細線就稱為上影線；最低價與實體之間留下的細線就稱為下影線。

當收盤價高於開盤價畫出來的K線就稱為"陽線"，收盤價低於開盤價畫出來的K線就稱為"陰線"，依照看盤軟體的不同，一般陽線用紅色表示、陰線用黑色表示，也有陽線用橘色表示、陰線用綠色表示……不一而足，現在很多看盤軟體更進步了，它們開放讓投資人自己選擇標示K線的顏色，你希望上漲的陽線標示成大紫、下跌標示成反白色都可以。投資人了解K線繪製原則後，將來不管看到什麼顏色的圖都能看得懂。

K線的畫法與用法

K線是記錄價格波動的標示，如果以一天為記錄時間段，畫下來的就是日K線，如果用一週的交易行情為記錄時間段，畫下來的就是週K線，同樣的原理，還有月K線（每一個月畫一根K棒）、60分K線（每一個小時畫一根K棒）、15分K線（每15分鐘畫一根K棒）、5分鐘K線（每5分鐘畫一根K棒）……依此類推。

K線的功能有很多，最簡單的是當投資人想看一下最近行情的變化時，打開K線圖，就能一目了然，另外，根據這些K線的變化，也能做為推斷未來行情的參考。

例如，如果你問一位熟悉股價圖的朋友：出現大陽線或長下影線，這樣的K線代表什麼？

他可能會回答你：

低價圈出現的大陽線多半是轉入上漲的標誌。但是，大陽線如果出現在高價圈，反而是標誌著上漲能量殆盡＝頂點（從這裏折回，轉入下跌）的情況。至於，長下影線的出現一般意味著有人在股價打到低點時進場買入。不過，在持續上漲的尾聲，也就是在高價處出現的長下影線，很有可能就是股價崩潰的先兆。尤其之後的股價若跌至下影線以下，那麼標誌著走勢已經轉為下跌……。

從上面簡單的陳述可以看出，即使是相同的K線形狀，出現在高價圈或是出現在低價圈，表示的意思也不一樣。

K線對於投資人而言是個神祕而有趣的世界，看起來有規則但又有很多「但書」，投資人可以慢慢研究。

● 這就是股價圖！

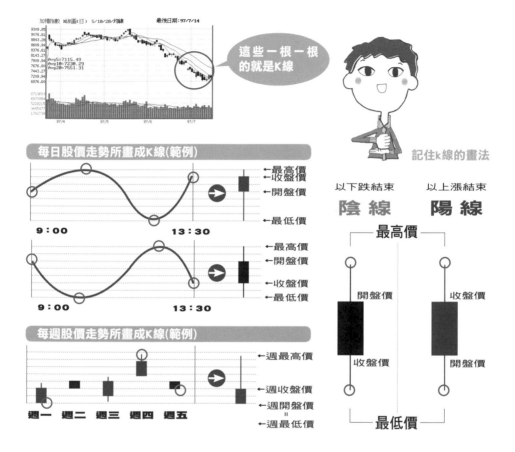

這些一根一根的就是K線

記住k線的畫法

每日股價走勢所畫成K線(範例)

← 最高價
← 收盤價
← 開盤價
← 最低價

9:00　　　　13:30

← 最高價
← 開盤價
← 收盤價
← 最低價

9:00　　　　13:30

每週股價走勢所畫成K線(範例)

週一　週二　週三　週四　週五

← 週最高價
← 週收盤價
← 週開盤價
＝週最低價
← 週最高價

以下跌結束　　　以上漲結束
陰 線　　　　**陽 線**

─ 最高價 ─

開盤價　　　收盤價

收盤價　　　開盤價

─ 最低價 ─

Key-Word

開盤價／收盤價

一天的交易時間內，第一個電腦撮和成交的價格叫開盤價；最後一個撮和成交的價格叫收盤價。

本週開盤價指的是星期一(或當週開盤第一天)的開盤價；本週收盤價指的是星期五(或當週最後交易日收盤)的收盤價。

預測未來的股價變動

前 面看過K線的基本形狀。實際上，K線有很多種類，在此先來做一個小測試。請對應連連看A~C中選出1~3K線所表示的價格變動情況。

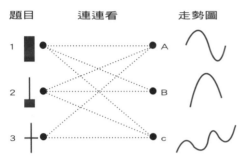

| 題目 | 連連看 | 走勢圖 |

你選對了嗎?

看看以下的解答:

1.沒有上影線也沒有下影線，是長陽線。股價從開盤起就一個勁地持續上漲，到達當日最高價時結束了交易，所以C應該是正確答案。

2.是陽線，有長長的上影線。這表示曾經大幅上漲過，但是到達高價後，被推回到比開盤價高一點的地方並且開盤就是最低價，所以B是正確答案。

3.實體部分被壓得扁扁的。這表示開盤價和收盤價相同。A是正確答案。

出現長影線和長實體時，注意！

股價圖是由各種各樣的K線組合而成的。股價每天都發生不同的變化，所以每天的K線也呈現出不一樣的形狀。K線的優點在於不僅能捕捉到股價的趨勢與步調，而且能看出每天的股價變動。

從每一根K線中，我們都能得到交易資訊，從而抓住相對的各個時間其股價狀態和轉折點。尤其是長陽線和長陰線、長上影線和長下影線，對於預測股價步調和供需狀態（買進的人多還是賣出的人多，諸如此類的資訊）能發揮舉足輕重的作用。

比如，右頁的股價圖A處出現了長下影線。長下影線的出現代表當天很人多賣出，股價跌到低價，但後來出現勁頭十足的買進狀態。在股價下跌尾聲出現長下影線，很多情況是上漲轉折的標誌。相反的，上漲尾聲如果出現了長上影線，股價很有可能轉入下跌(如圖中的B)。C處是高價圈（圖表上方），出現了很大一條陰線（長陰線）。這表示股價達到高價後，很多人都做出了「就在這裏賣出」的相同動作，這意味著賣出壓力增強，多數情況下股價會轉入下跌。相反的，如果低價圈（圖表下方）出現了很大一條陽線（長陽線），表示買進力道增強，標誌著轉入上漲。

何謂高價圈?低價圈?

高價圈是指股價持續上漲一段時間到達較高價格位置。低價圈是指股價持續下跌一段時間到達較低價格。比如，「年初以來的高價圈」就是今年的股價變動中出現的最高股價帶。

● K線是所有圖表的基本內容！

※以下就一般情況說明，但不能只憑一條K線就對行情下論斷。

高價圈的長陰線是下跌標誌

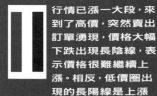 行情已漲一大段，來到了高價，突然賣出訂單湧現，價格大幅下跌出現長陰線，表示價格很難繼續上漲。相反，低價圈出現的長陽線是上漲標誌。

高價圈的長上影線是下跌標誌

 股價持續上漲後，如果在高價圈出現了長上影線，意味著股價在高處已經有人賣股票了，行情可能已經到了股價的頂點。

加權指數(TSE) 日線圖 2008/05/07 開 8919.93 高 8977.90 低 8902.19 收 8927.25 ↑點 量 1265.78 億 +69.88 (+0.79%)

成交量 1265.78↓億　MA5 1495.97↓億　MA10 1525.97↓億

低價圈的十字線是上漲標誌
高價圈的十字線是下跌標誌

 十字線表示股價的走向無法確定而上下猶豫。漲勢之後和跌勢之後如果出現十字線，意味可能出現行情反轉。

低價圈的長下影線是上漲標誌

 股價持續下跌後，如果在低價圈出現了長下影線，意味著在低價已出現買家承接股票，股價有可能已經跌到底了。

上漲?下跌?還是盤整?

看清走勢（方向性）對於股票買賣非常重要。走勢有三種類型，分別是上漲、下跌、盤整。股價雖然會上下浮動，但是會有一個大致的趨勢。

上漲走勢買、下跌走勢不買

請看右頁的圖，為了提高股票買賣的勝算，應該避免在下跌局勢下交易，耐心等待股票處於上漲局勢是非常重要的。

用常識判斷就知道，在下跌局勢下，不管以什麼價位買進的股票，買進後下跌的機率都很高；而在上漲局勢下，即使時機稍稍沒有把握好，也很容易恢復。所以相對來說，上漲走勢下股票交易比較容易獲利。

如果股價確認屬於處在上漲走勢，就趁著一時突然下跌（上漲過程中某段時期下跌的情況）的時機買進，等行情上漲一定程度後再賣出。可以重復幾次這樣的買賣，就能獲利。

如果處於盤整走勢中，也就是股價固定在一個箱子（BOX）上下變動，在股價BOX下限買進、上限賣出……重復採取這樣的交易戰略就可以了。

因此，我們可以說，當進入股票市場時首先要看清局勢是處於上漲走勢、盤整走勢還是下跌走勢，接著再採取相對應的作戰方式，這才是正確的方法。

那麼，如何從股價圖中自己捕捉到趨勢呢？

看準走勢的三個小竅門

從右頁的例子可以看出，即使股價看似很沒有規則的變化，還是能夠捕捉到一定的走勢。

最簡單的方式是先確認高價和低價，如果高價之上仍有高價，說明上漲走勢正在持續。如果股價已經沒有力氣再超過前一次高價，反而是上一次的低價之後再創新低價，那說明走勢可能已經變為下跌。

除此之外，趨勢線和移動平均線等輔助線在判斷走勢時也能發揮重要作用。例如，股價沿著移動平均線順利上漲，並沒有跌落均線的現象，可以被判斷為上漲趨勢，萬一股價跌到均線之下，那麼走勢可能已經出現變化。

Q什麼是一時突然下跌?

A即使處於上漲走勢中，股價並不是直線上漲。上漲過程中，會在某段時間內出現低價，這種情況叫做一時突然下跌。「上漲走勢中股價一時突然下跌的地方，買進」，是股票買賣的戰略之一。感覺就像是在上漲走勢中股價突然打折扣一樣，是買進的機會。

● 股價有三種走勢

上漲走勢

股價雖然會上下浮動,但是處於上漲趨勢時高價和低價都一波比一波高。

盤整走勢

股價雖然會上下浮動,處於盤整趨勢時,股價反復出現在以前的高價、低價。

下跌走勢

股價雖然會上下浮動,但是處於下跌趨勢時,高價和低價都一波比一波低。

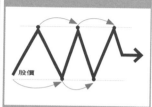

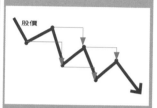

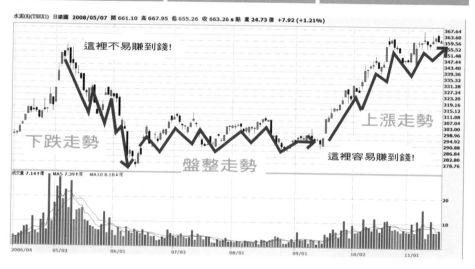

水泥(8)(TSEX1) 日線圖 2008/05/07 開 661.10 高 667.95 低 655.26 收 663.26 s 點 量 24.73 億 +7.92 (+1.21%)

這裡不易賺到錢!

下跌走勢

盤整走勢

上漲走勢

這裡容易賺到錢!

Key-Word

轉折點

大多數投資人都很關注的股價水準,可以被視為股價轉折點。也就是說股價變動在這裏容易發生轉換。除了這一章將介紹的移動平均線以外,一段時間的歷史最高價和最低價也是受到投資者關注的價位點。另外,像是整數(例如大盤的8000點、8500點)或是黃金切割率等等也會被視為股價的轉折點。

移動平均線

移動平均線是將股價的變動價格平均化，從而表示股價大致走勢的線。在大部分的股價圖中，移動平均線都會和K線一起出現。

移動平均線按照計算期間不同，分為很多種。比如，5日移動平均線、13週移動平均線等。以5日移動平均線為例，表示包括當天在內過去五天的收盤價總和除以5所得的平均值，第二天以後的計算方式也與此相同，如此將每天的平均值連結起來，就是「五日移動平均線」。看股價圖時，這些線圖沒有必要自己計算，網路上都能輕鬆找到，而且有些可以自己設定參數。

透過均線的方向和排列判斷走勢

上漲走勢時均線與股價的位置是：
①移動平均線運動的方向朝上。
②股價位於移動平均線上方。

相反的，如果處於下跌走勢，均線與股價的位置則是：
①'移動平均線運動的方向朝下。
②'股價位於移動平均線下方。

移動平均線對研判趨勢相當重要，此外，移動平均線同時也表示該期間內投資人購買股票的平均成本，所以，移動平均線常被視為行情轉折點。也就是說當股價一直下跌時，股價可能會在均線的位置反彈，或者股價一直上漲時，股價可能在移動平均線的位置受到壓力而下跌。

按期間不同，移動平均線分為很多種。像日K線圖有5日移動平均線（一週交易5日，又稱週線）、20日移動平均線（一個月交易20日《也有人用25日》，又稱月線）依此類推。週K線圖則有13週（一季交易13週《也有人用12週》一般又稱季線）、26週（又稱半年線）、52週（又稱年線）等移動平均線。

Q平均買進成本是什麼意思?
A股價是指交易成立的價格，也就是買主買進所花費的成本（買價）；5日移動平均線也是過去五天內，買進該股票的買家們花費的平均買進成本。這樣一來，如果股價位於5日移動平均線上方，說明過去五天內，買進股票的大多數買家們處於獲利狀態；相反，如果股價位於5日移動平均線下方，說明過去五天內，買進股票的大多數買家們處於虧損狀態。獲利的買家是多?還是少?會影響到股票的供需。獲利的買家多，可能會有更多買家態度堅決地認為「這個股票能賺！應該再買一些！」。

Q"供需"是什麼意思?
A想買進股票的買家「對股票的需求」，和想賣出股票的賣家「對股票的供給」兩者之間的平衡叫供需。

● 這就是移動平均線！

記住移動平均線的結構！

最近五個營業日的收盤價平均值

$$\frac{\overset{Ⓐ}{68.2}+\overset{Ⓑ}{68}+\overset{Ⓒ}{67.2}+\overset{Ⓓ}{68}+\overset{Ⓔ}{66.7}}{5}=67.62$$

5日移動平均是指從當天追溯到五天前，這五個營業日當天最後成交價平均值。如上圖所示，由五天的收盤價總和除以5所得。將這些5日移動平均價連成線就是5日移動平均線。

Key-Word

黃金交叉／死亡交叉

短期移動平均線從下往上穿透長期間移動平均線的情況被稱為黃金交叉；短期移動平均線從上往下穿透長期移動平均線的情況被稱為死亡交叉。

走勢轉入上漲時，黃金交叉不斷出現，走勢轉入下跌時，死亡交叉不斷出現。雖然一般認為「黃金交叉是買進標誌」「死亡交叉是賣出標誌」。不過，買賣標誌的出現一般晚於實際的走勢轉換，會出現「假像（標誌不準確）」的情況，因此可不能完全盡信哦！

所以，會有好的黃金交叉和不好的黃金交叉。（詳見「股票初見面 看盤選股」一書。）

● 從移動平均線和股價位置推測投資人的心理狀態

移動平均線朝下說明處於下跌走勢

股價位於移動平均線下，說明投資人買進疲軟並不踴躍，所願意出的價錢愈來愈低。

股價位於移動平均線上方，說明投資者買進勢頭強勁

股價位於移動平均線上方時，買進了股票的大多數買家獲得帳面利潤。心想：「不錯。再買進一點」，投資人願意花更高的價錢買進。

移動平均線朝上說明股價處於上漲走勢

「移動平均線朝上」是重要上漲走勢標誌。股價下跌到移動平均線，就是「一時突然下跌」的買進時機。

股價如果過於偏離移動平均線，有可能會再站回到移動平均線

股價如果過於偏離移動平均線，就會有很多人認為「都已經下跌到這個程度了，是買進的時候了」，於是開始買進。之後，股價回到移動平均線，當初以這個成本買入的人會想：「都已經回升到買價了，趁現在趕快賣出」，又容易出現賣出潮。

● 這就是顯示股價方向性的「移動平均線」

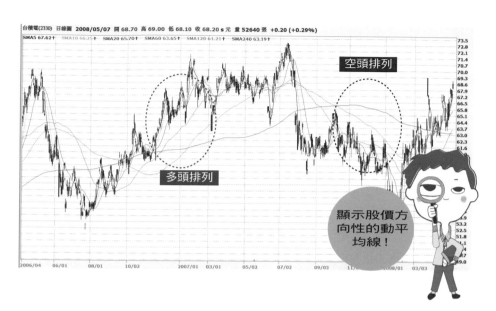

台積電(2330) 日線圖 2008/05/07 開 68.70 高 69.00 低 68.10 收 68.20 s 元 量 52640 張 +0.20 (+0.29%)
SMA5 67.62↑ SMA10 66.25↑ SMA20 65.70↑ SMA60 63.65↑ SMA120 61.21↑ SMA240 63.19↑

空頭排列

多頭排列

顯示股價方向性的動平均線！

多頭排列與空頭排列

短天期的移動平均線表達最近投資人的買賣意向，移動平均線的採樣天數愈長，表示愈長時間段投資人的動向。也就是說，在上漲走勢中股價首先上漲，之後短期間移動平均線開始追趕式上漲。因此，當股價呈上漲的多頭格局時，股價與均線由上到下依次是①股價、②5日移動平均線、③25日移動平均線、④75日移動平均線。這種排列方式稱「多頭排列」是上漲趨勢的局面。反之稱為「空頭排列」是下跌趨勢的局面。

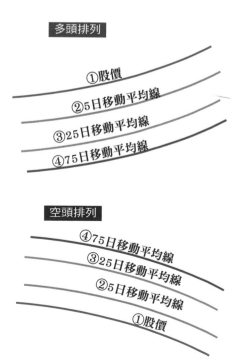

多頭排列

①股價
②5日移動平均線
③25日移動平均線
④75日移動平均線

空頭排列

④75日移動平均線
③25日移動平均線
②5日移動平均線
①股價

葛蘭碧八法則

葛蘭碧是股價分析中系統性的歸納並使用移動平均線的創始人,他所提出的葛蘭碧八法總結了移動平均線使用方法的精華,可以說是每位股票投資人看股價圖一定要了解的。

移動平均線上的八個買賣標誌

上一節了解了移動平均線的繪製方法後再來看葛蘭碧的八個法則就很容易理解了。原則上當移動平均線由朝下轉入朝上,股價也上漲至移動平均線的上方後,就可以判斷「走勢變為上漲」從而買進,這是基本的思維。

之後,只要移動平均線持續朝上(也就是仍然處於上漲走勢中),股價下跌到移動平均線附近時,就是買進時機。這種買進方式也就是前面提到的「一時突然下跌式的買進」。不過,當股價大幅度高於(偏離)移動平均線的情況,就要考慮賣出。等到股價下跌至移動平均線附近時,就可以考慮再次買進。

向上走的移動平均線變為平緩的弧度然後朝下走時,股價也下跌至移動平均線之下,這時候可以看成是「走勢變為下跌走勢」而考慮賣出。之後,股價每次上漲到移動平均線附近後,就是賣出時機。而當股價大幅度低於(偏離)移動平均線的情況,這種時候就很有機會股價會朝移動平均線靠近,所以,可以看成是買進的時機。

現在,重要的問題來了,在股價偏離移動平均線多少的時候,買進(賣出)比較好呢?這個數字沒有百分之百的答案,它得配合操作策略、基本面與其他技術指標綜合判斷。

移動平均線的時間怎樣選擇?

葛蘭碧的八法則適用於幾日移動平均線呢?

觀察股價圖慢慢就會發現,不同的個股,股價有時候會隨著25日移動平均線而動,有時候會隨75日移動平均線而動。如果股價沿著25日移動平均線上漲或下跌,那麼就在25日移動平均線上使用葛蘭碧法則,依此類推。

另一面來說,使用哪一條移動平均線則要由交易時間來決定。

一般來講,如果你的交易策略是中長期(比方說幾個月左右的交易),那麼13週、26週是比較常用的。

如果你的交易策略是中期(比方說幾個星期左右的交易),通常可以採用25日、75日。

如果你的交易策略是短期(比方說幾天左右的交易),3日、5日、60分鐘都有人採用。至於超短線的當沖者(一天中對同一檔股票又買又賣)則要用一分鐘、三分鐘、五分鐘K線。而不管採用的是什麼時間的均線,都適用葛蘭碧法則。

● 記住葛蘭碧法則!

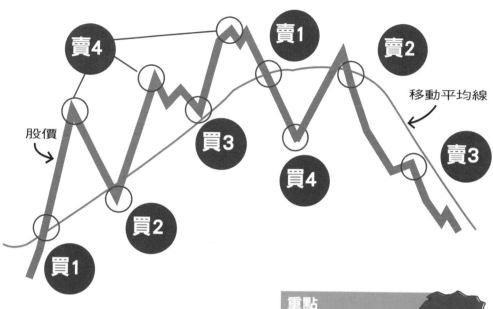

股價

移動平均線

賣4
賣1
賣2
賣3
買1
買2
買3
買4

重點

股票有8個適當的買賣時機點。隨時間不同,適用於這個法則的幾日(幾週)移動平均線也不同。首先要找出「現在這檔個股隨哪條移動平均線變動」,然後再使用法則。

Key-Word

偏離移動平均線

偏離移動平均線,是指股價與移動平均線相距的程度。

股價會朝著移動平均線方向貼近,是股價的特點。因此,如果股價在下方大幅度偏離於移動平均線,可以看作股價將有機會上漲而被拉回至移動平均線。

相反,如果股價在上方大幅度偏離於移動平均線,可以看作股價將要下跌而被拉回至移動平均線。

向上突破移動平均線！

原本朝下的移動平均線變為平緩狀態，股價向上突破移動平均線後，買進。可以由此判斷走勢轉為上漲。

 上漲走勢中，股價下跌到移動平均線！

移動平均線朝上時，股價下跌至碰到移動平均線的地方，判斷為上漲走勢中的「一時突然下跌」，在這裏買進。

 上漲走勢中股價在移動平均線上方反彈！

移動平均線朝上時，股價經過向下調整並幾乎碰到移動平均線，但還沒有與移動平均線接觸就反彈的情況下買進。

買4 **在下方大幅度偏離移動平均線!**

移動平均線下降時，股價大幅度在移動平均線下方，與移動平均線的偏離幅度變大後，可以買進等待反彈。

Q&A

Q「兩條均線朝不同方向」是什麼意思?

A「日期不同的兩條移動平均線走向不同」，這種現象會經常出現。比如，26週移動平均線方向朝下，20日移動平均線方向朝上，就可以判斷「以幾個月為單位的走勢處於朝下的狀態，但是以幾週為單位的走勢處於朝上的狀態」。

比如，20日移動平均線朝上，當股價下跌至20日移動平均線時，就是一時突然下跌買進時機。但這時候那種「非買不可」的強度，就可以看長天期的移動平均線，比如，這時候的26週移動平均線是向上的，就比26週移動平均線是向下的情況更適合買進。

股價穿透移動平均線!

原本朝上的移動平均線變為平緩狀態,轉為朝下,股價由上而下穿透移動平均線,可以由此判斷走勢轉為下跌。

 原以為轉為上漲,結果並非如此!

移動平均線下降,股價反彈至稍高於均線,但卻看不出走勢轉換,反而被移動平均線壓下來,轉為下跌走勢,賣。

 股價反彈沒有往上突破移動平均線!

均線下降時,股價雖然反彈,但還沒有來得及到達移動平均線就再次轉入下跌,賣。

 股價在上方大幅度偏離於移動平均線!

移動平均線上升時,股價大幅度超過移動平均線,與移動平均線的偏離幅度很大,可以看作是股市過熱,賣。

Key-Word

一時突然下跌買進

前文提到過,上漲走勢中的股票暫時停止上漲,在某時間段內股價下跌,這稱為一時突然下跌。等待這樣的一時突然下跌來臨,然後買進的方式稱為一時突然下跌買進。股價跌近移動平均線時就是好機會。(更詳細的解說,請看「股票初見面 短期交易」一書。)

自己畫「趨勢線」！

趨勢線，一如其名，就是一條為了判斷走勢的輔助線。透過股價圖，投資人可以瞭解大致股價運動方向性，比方說「這檔股沿著這條線正在上漲」或是「大盤正沿著這條線下跌」等等。按照你的感覺，畫出的一條線，這就是趨勢線。畫趨勢線有點像小學生解數學題目一樣，看起來不規則的形狀，自己加幾條輔助線，解題就清楚多了。

趨勢線是診斷行情的強力武器！

趨勢線跟移動平均線一樣，並不是股價圖上原先就有的線，需要自己來畫，不過畫法很簡單。

處於上漲走勢時，畫一條連接低價和低價的線，就可以叫它是下跌的支撐線。相反的，下跌走勢中畫一條連接高價和高價的線，就是上漲壓力線。

上面所說的只是一般性的畫線原則，實際上畫趨勢線並沒有標準公式，所以趨勢線可以畫很多條。在一般券商所提供的看盤軟體幾乎都找得到自行畫趨勢線的功能，投資人可以盡情在上面畫出各種線條，畫得不滿意隨時可以用橡皮擦功能擦掉，跟早期投資人只能影印圖表畫線，利用網路是方便多了。

但是，趨勢線也有有效與無效之分，弄清楚趨勢線是否有效很重要。經驗越豐富，畫趨勢線就越有靈感。而其基本的畫線原則是「如果股價好幾次從某條趨勢線反彈回去，那麼說明這條趨勢線比較有效」。如果找到了有效的下跌支撐線，就可以作為「一時突然下跌」的目標值，可靠性很強。當股價反復反彈，如果發現了可靠性很強的下跌支撐線，就可以沿著這條趨勢線進行買賣。

就操作來說，找到有力的支撐線當股價已經來到下跌支撐線，就要堅持持有股票；或者也可以說成股價下跌到支撐線後就買進，等到股價上漲到偏離支撐線一定程度後賣出。如此反復進行買進賣出，就是支撐線的作用。

而當股價明顯跌破支撐線時，就可以判斷為「上漲走勢崩潰」，這個時候要就考慮賣出了。如果已確認股價處於下跌走勢，就就要採取賣出戰略。

相對的，持續下跌走勢中，明顯的股價向上突破壓力趨勢線後，可以判斷走勢轉為上漲，要採取買進戰略。

重點又來了－－如何確認股價(高)低於趨勢線多少時才判斷為走勢崩潰？

趨勢線說到底是一個「大概的基準」，因此股價雖然稍微低於趨勢線，並不能立刻說「走勢崩潰了」。這是個很複雜的問題。一般來講，價格低於支撐線以下2-3%後，差不多就可以感覺到「走勢崩潰了」。不過，這種判斷很大部分都是靠感覺，還得看成交量與個股特性。所以這和畫趨勢線一樣，隨著練習的增多和經驗的積累，就能夠抓住判斷的竅門。

● 趨勢線的畫法沒有固定方式，有時要憑點靈感。

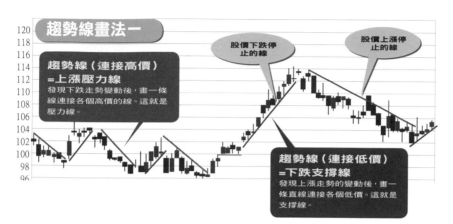

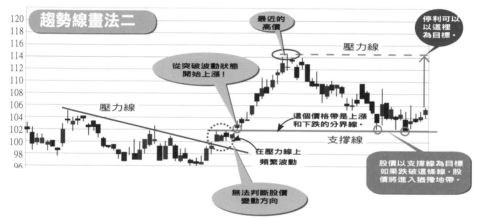

Key-Word

停損

買進的股票價格下跌而出現損失，承受損失將其賣掉就叫做停損。

買賣股票乃是為了獲利，如何做到減少損失非常重要。如果發現這次交易失誤了、看錯了，乾脆放棄進行停損。停損後，如果股票轉入上漲，還可以再次重新買進。

基本來講，如果在某處覺得「股價型態(下一堂課說明)崩潰」、「原本以為是買進標誌，但原來是假像」諸如此類的情況都應該進行停損。

許多成功的股票交易者，都是停損高手。

尋找股價轉折點

提 高買賣股票的勝率，應該在確認走勢的同時抓住「轉折點」。

轉折點就是行情轉振點。是大多投資者在意的股價水準。白話來說股價在這個價位點，不管買方或賣方，都在等待態勢明朗，以便採取下一個動作。也就是說，轉折點是趨勢中止的價格。走勢一旦在這一點停止，就可能反轉；但跨過去股價則又是另一番天地。

知道這些「轉折點」所處的位置，對預測股票交易時機作用很大。股價下跌時，轉折點就是買進時機，因為可能在轉折點處停止下跌，走勢反轉向上。股價上漲時，轉折點就是賣出點，可能在轉折點處停止上漲，行情反轉向下。

股價以轉折點為轉振向上突破（向上強力發揮了作用）的情況，可以看作是出現了上漲走勢持續，是買進信號。股價向下跌破轉折點（向下強力發揮了作用）的情況，可以當做是賣出的信號。

容易成為「轉折點」的四個點

什麼樣的點是轉折點呢？

以下可以作為轉折點的候選──

1. 過去的高價和低價。
2. 過去波動頻繁的價格帶。
3. 主要的移動平均線（如月線、季線、年線…等）。
4. 趨勢線。

僅僅注意這幾點，交易技術就能大大提高。右圖有20日移動平均線和60日移動平均線，股價在這些線上頻繁反彈，或反轉。可以看出這些線條是非常重要的轉折點。從這裏可以感覺到在股票交易中，注意這些點是多麼的重要。

除此之外，從圖中還可以看出，過去的高價、低價和波動頻繁帶作為轉折點也非常有效。還有，在第三天課程將提到的技術線圖如KD、MACD、布林通道等等不同圖表中描繪的各條線也是轉折點。如果你想用細緻的戰略進行交易，就要留意這些股票轉折價位。

Q 以為突破轉折點為何又下跌？

A 股價要能順利向上突破轉折點，上漲勁頭要很強勁才行!有時候力道不足就會出現「本以為股價已經向上突破轉折點了，卻反而急劇下跌」，事實上，這種情況經常出現。轉折點一般投資人都相當關注，在那個關鍵的當口，投資大眾有一大票人看多、有一大票人看空，要跨越那個關卡不管是突破還是跌破轉折點都需要相當大的能量。例如上漲的趨勢已經走了一大段而股價跌破了轉折點時，意味在這裏「能量消耗殆盡」。與此相比，也有可能在轉折點處「調整一下」，充分修養後突破了轉折點變成「向上突破了轉折點=又另一番開始上漲」的局面。

● 價格變動容易在「轉折點」處反轉！

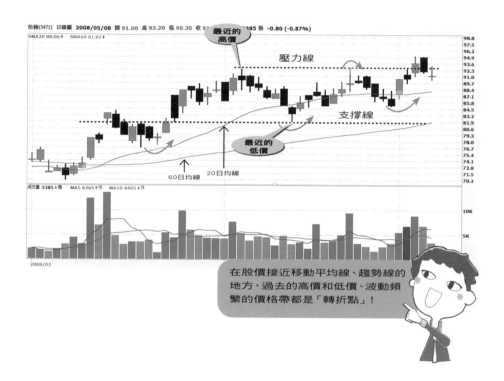

松翰(5471) 日線圖 2008/05/08 開 91.00 高 93.20 低 90.30 收 91... 3385 張 -0.80 (-0.87%)
SMA20 88.06↑ SMA60 81.82↑

最近的高價

壓力線

支撐線

最近的低價

60日均線 20日均線

成交量 3385 ↓張 MA5 6265↑張 MA10 4465↓張

2008/02

在股價接近移動平均線、趨勢線的
地方，過去的高價和低價、波動頻
繁的價格帶都是「轉折點」！

Key-Word

調整

股價的變動，有時會在上漲
途中暫時下跌，或者變為盤整。
這種情況叫做調整。

成交量，顯示活躍程度

成交量指的是交易已經成立的股數。股價圖中用柱狀圖表示。成交量高，說明交易活躍，股市能量充分。

成交量的急劇增加有重大意義！

成交量隱含的意義隨著情況不一樣而不同。成交量急劇增加，意味著市場從現在開始能量充沛，當然，也有可能是股價開始下跌之前的「最後大爆發」。所以，一樣是量大但兩者意思正好相反。一般來講，低價圈內成交量激增，大都是上漲走勢（行情能量產生）開始的標誌；而高價圈內成交量激增，則常是行情能量殆盡的標誌。

成交量激增，股價急劇上漲，意味著買進者蜂擁而至，這種情況如果發生在低價圈，可以判斷為是產生了上漲能量，也就是在這之前一直很少買進的人，但在這一點買進的欲望變得強烈，導致了量大的結果。相反，如果這樣的變動發生在高價圈，可以判斷為上漲能量殆盡，也就是之前一直觀望上漲行情的人，最終按捺不住而開始行動，試想，當想買的人都已經買到了股票，之後能量就用盡了，行情就可能往下掉。

而如果成交量激增並出現大陰線，意味著賣出蜂擁而至。如果這樣的變動出現在高價圈，說明股市壓低了價錢也要拋售的人很多，下降能量非常強，標誌著行情即將崩潰。也就是之前一直買進的人開始賣出導致這樣的結果。

相反，如果發生在下降走勢尾聲階段，那麼有可能是下跌能量殆盡，下跌走勢的高潮已過去，意味著底部浮現。也就是本來在下跌走勢中抱著股票不放，一直處於擴大了損失的人，終於按捺不住認賠出場而導致了這樣的結果。

由分價量表也可發現轉折點

分價量表顯示了在不同價格帶內，過去累計的成交量，某一價位累計成交量大量的地方，表示在這個價格帶買進的人很多。股價上漲到這個價位容易出現賣出，或者股價下跌到這個價位，市場也容易出現買進。所以，成交量大量增加的價位，也是重要的轉折點。

Q 買(賣)蜂擁而至是如何形成？

A 買進或賣出蜂擁而至的背後，一定有原因。往往是發生某些「變動」或「事件」，使得投資大眾認為「一定要快速買進（賣出）這個股」。最常見的原因像是個股業績傳捷報、接獲大訂單或是產業需求增加等等，另外，融資融券也有可能成為原因之一，比如「股價持續下跌，借錢買進股票的人出現追繳保證金壓力甚至被強迫斷頭，此時，即使投資人不想賣出也會被強迫賣出，股價便加劇下跌」。

● 這就是成交量！

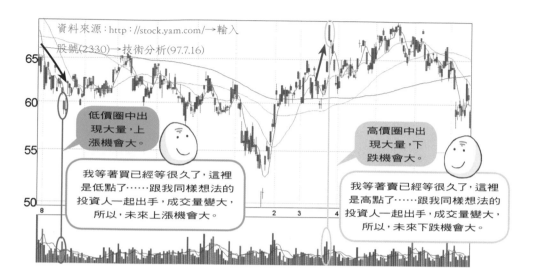

資料來源：http://stock.yam.com/→輸入股號(2330)→技術分析(97.7.16)

> 低價圈中出現大量，上漲機會大。

> 我等著買已經等很久了，這裡是低點了……跟我同樣想法的投資人一起出手，成交量變大，所以，未來上漲機會大。

> 高價圈中出現大量，下跌機會大。

> 我等著賣已經等很久了，這裡是高點了……跟我同樣想法的投資人一起出手，成交量變大，所以，未來下跌機會大。

台積電(2330)當日分價量表
成交量 96542張   2008/7/16 下午 08:46:01

成交價	成交量	軸的張數
54.60元		3708張
54.50元		4118張
54.40元		2951張
54.30元		4196張
54.20元		4374張
54.10元		13737張
54.00元		20516張
53.90元		4988張
53.80元		11656張
53.70元		5090張
53.60元		5254張
53.50元		3951張
53.40元		843張
53.30元		1104張
53.20元		96張

「分價量圖」用於尋找個股的支撐及壓力。以本例，當天在54元成交的量最多，假設你認為股價將往下跌，54元可視為壓力轉折點；你認為股價將往上漲，54元可視為支撐的轉折點。

資料來源：http://stock.yam.com/→個股分析→市況行情→當日分價量表

Key-Word

行情能量

「上漲能量」和「下跌能量」這兩個字眼可以總稱為「行情能量」。行情能量是行情變動的原動力。

抱持著「總之先賣出再說」想法的人很多時，這就是「下跌能量」；抱持著「總之，先買進再說」想法的人很多時，這就是「上漲能量」。

Day2

了解移動平均線、

趨勢線、

成交量等內容之後，

第二天的課程，

將學習怎樣運用這些知識。

首先要記住：

有助交易的１２種股價圖模式。

股價變動經常重復歷史！

股價變動有經常出現的模式，雖然不一定100%重復歷史，但機率很高，如果能瞭解這些模式，交易技巧將向前跨出一步。

有多少拿手模式決定了你的勝負

上網蒐尋或購買市面技術分析的書，會發現各門各派的股價圖模式，這裡簡化為十二個交易訊號模式。都是以前老手投資家和專業投資者們熟知並愛用的結晶，在此，我們把它設計成讓新手看一眼就學會的圖解。當然，在實際的股票價格變動中，幾乎不可能重復出現完全相同的變動模式，各個時期的主客觀情況也都不一樣。這裏介紹的模式主要是讓初學者能簡易的尋找相應的、有效的交易戰略，如此，在股市實戰中就更能輕鬆的抓住交易竅門。

投資人可以將這十二個模式作為原型，記在心裏。隨著查看股價圖經驗的積累，能夠不斷找出並增加自己熟知擅長的圖形模式。這樣一來，就能自信的說「等到股價變動出現這個模式後，市場就是我的囊中之物了！」

因此，找到自己特有的必勝模式非常重要。

買、賣、停損與交易計畫

瞭解了圖表模式後，投資人就可以根據圖形「照表操課」，總結起來就是要認真的設想三件事：

1.股價型態變為這樣後，就買進的「買進點」；

2.股價上漲到這裏後，賣出獲利的「停利點」；

3.股價型態變為這樣後，就放棄的「停損點」。

其中，就數停損點最為重要。

即使再多的有效買進信號，其中也不乏「假像」的出現。遇到這種情況，買進股票後如果一直持有，可能會導致損失擴大。因此，為了將損失限定在最小範圍內，需要一定的措施，這就是設定停損點。

以上買進、停利、停損這三個點的具體思考方向，在實際的交易過程中，還要根據情況隨機應變並進行修改，因此，需要設定交易計劃。

交易計劃必須認真執行，但事實上非常難。要一個有情緒的投資人機械式的照著圖表買進，賣出並停損是「理想狀況」，當人坐在電腦面前看著不斷跳動的行情或是處在雜音四起的證券公司時，判斷容易受環境不理性的影響而失了準頭，所以，這一方面是需要時間的磨練與情緒控制，另一方面，也可以試著用網路下單軟體把前一天制定好的交易價位設好，目標是讓交易能根據既定計劃按部就班的執行。如何有效的控制交易行為，套句日本卡通上常出現的字眼——修煉！可以參考恆兆文化出版的「作手」與「幽靈的禮物」。

● 根據圖表模式，從交易到獲利的三個步驟

① 頭腦裡頭要有圖表模式！

Z-0001

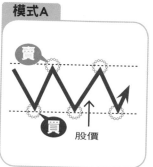

模式A
賣
買
股價

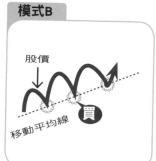

模式B
股價
買
移動平均線

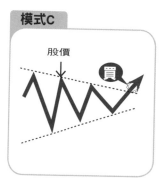

模式C
股價
買

②實戰場上委託買進！

Z-0002

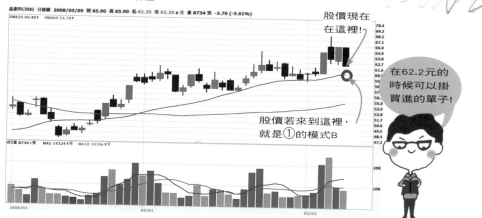

品豪科(3006) 日線圖 2008/05/09 開 65.90 高 65.90 低 62.20 收 62.20 元 量 8734 差 -3.70 (-5.61%)
SMA20 60.48↑ SMA60 54.70↑

成交量 8734↓張 MA5 14324↓張 MA10 10106↑張

股價現在在這裡！

股價若來到這裡，就是①的模式B

在62.2元的時候可以掛買進的單子！

③如果模式崩潰，就取消委託或者停損！

000-3

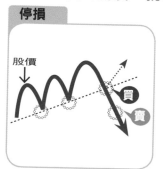

停損
股價
買
賣

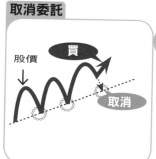

取消委託
股價
買
取消

買進是買進了，但是股價沒有按照預想的模式變動。馬上進行停損！

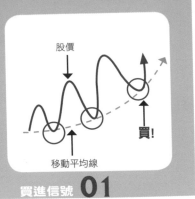

上漲走勢中，股價下跌至移動平均線，買！

第一個介紹的信號，就像下圖一樣，當股價沿著移動平均線順利上漲，在跌到靠近移動平均線是買進的時機。可以在個股的歷史高價行情出現後獲利出場。

採用這種圖形可以根據自己的感覺，例如「如果下跌到這裏，就能讓人感覺到走勢崩潰了」，或者自己設定「損失在XX元以上」來決定停損點。

在下圖矽品的例子中，股價沿著60日移動平均線在39元開始一路操作，股價只要來到60日均線附近就買進，在獲利3~5元左右賣出，但68元買進後(圖A點)，股價跌破60日移動平均線，這時感覺到「這種步調有點失常」就停損賣出。或者，自己設定每張股票損失不超過2000元(也就是跌超過2元/股)。像這樣自己決定停損規則也可以。

為了讓這個模式的交易成功，最好像矽品這一波走勢一樣，需要選擇上漲波動反復出現的模式。反復出現從移動平均線反彈、反復出現同樣的偏離移動平均線上漲幅度，如此，勝算就更增加。

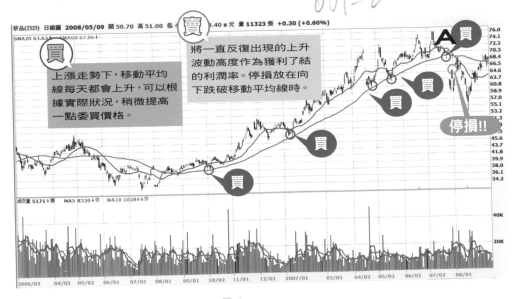

上漲走勢下，移動平均線每天都會上升，可以根據實際狀況，稍微提高一點委買價格。

將一直反復出現的上升波動高度作為獲利了結的利潤率。停損放在向下跌破移動平均線時。

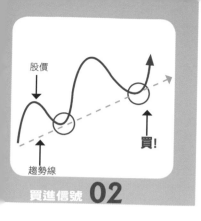

股價

趨勢線

買!

買進信號 **02**

002-1
2.2

上漲走勢中，下跌到碰觸趨勢線，買！

下面要介紹的是，反復沿著趨勢線順利上漲的模式。就像矽統例子一樣，發現股價沿著趨勢線上漲的模式設定交易計劃就很簡單了。

當股價跌到趨勢線就是買進信號。停利的設定可以參考一直反復的上漲波動幅度。以這個例子，保守計算碰到支撐線約反復出現12%的上漲幅度，所以可以把12%當成獲利目標。另一種方式，也可以在前一次高價附近停利。若

股價向下跌破趨勢線後，就要停損了。也可以「感覺下跌到這裏走勢崩潰」或設定「最多只承受××元損失」。

以這個例子，如果你在18.9元買進，停利目標是21元(12%)，停損可以設在7~8%，也就是跌到17.5元以下就要認賠了，這種交易設定方式(停利比例設高一點、停損比例設低一點)可以說是「以小風險換大收益」的模式。

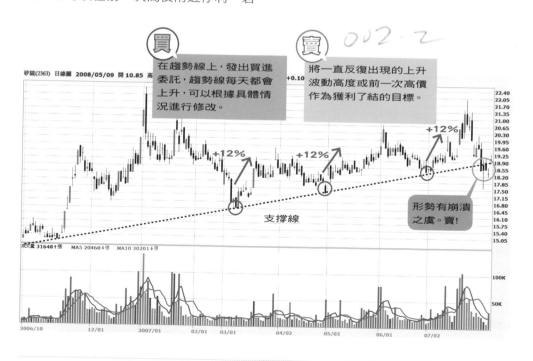

002.2

買 在趨勢線上，發出買進委託，趨勢線每天都會上升，可以根據具體情況進行修改。

賣 將一直反復出現的上升波動高度或前一次高價作為獲利了結的目標。

形勢有崩潰之虞。賣！

支撐線

矽統(2363) 日線圖 2008/05/09 開 10.85

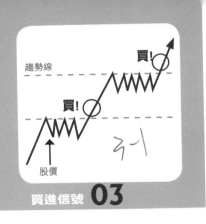

趨勢線

買!

買!

股價

買進信號 03

窄幅盤整，
變為向上突破後，
買！

盤整，是指既不上漲也不下跌，保持上下浮動的形狀。持續盤整後，如果行情向上突破，之後多半會進入上漲走勢。因此，「盤整後突破」可以看作是買進標誌。此外，也有盤整時間維持越長，向上突破之後買進信號愈可靠的特性。

這個例子是嘉晶，在2007年開春前行情在45元不上不下好幾個月，股價持續長時間的窄幅盤整，但同年4月份突然伴隨著成交量增加，股價整個往上突破，確認這個變化後可以在50元附近買進。因為它孚合「狹窄範圍」內「長時間」盤整並伴隨「成交量激增」，如此，上漲的可靠性很強，之後多半都會真正進入上漲走勢。

為了保險起見，隨著股價上漲可以不斷提高「下跌到這裏後就賣出」的停利點，本例是採用前一波的最低點，當股價順利的往上爬，一面要留心停利點，在急漲之後，如果出現前面第一章所提過的長上影線，就要特別小心，甚至可以直接出場，這表示投資大眾對那樣的高價已經出現疑慮。

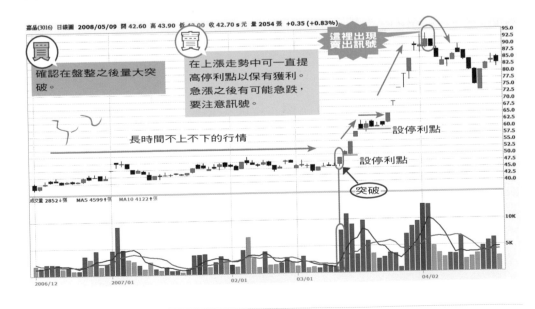

嘉晶(3016) 日線圖 2008/05/09 開 42.60 高 43.90 低 42.00 收 42.70 s 元 量 2054 張 +0.35 (+0.83%)

買 確認在盤整之後量大突破。

賣 在上漲走勢中可一直提高停利點以保有獲利。急漲之後有可能急跌，要注意訊號。

這裡出現賣出訊號

長時間不上不下的行情

設停利點

設停利點

突破

成交量 2852↓張 MA5 4599↑張 MA10 4122↑張

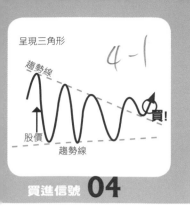

呈現三角形

趨勢線

股價

趨勢線

4-1

2.4

買！

買進信號 04

三角整理後，
向上突破，
買！

三角整理，是在上有壓力線和下有支撐線之間股價上下振幅逐漸變小的模式。由於是循著三角形的形狀波動，所以叫做三角整理。

股價從三角整理往上突破，之後多半都會持續上漲。因為這意味著賣出買進失去平衡並朝單一方向大幅度變動的形狀，而向上突破表示上漲的機會來臨。

三角整理的形狀也跟前面的橫向盤整一樣，時間長、形狀收斂、變動安靜後，伴隨著成交量激增，圖形向上突破，也是非常可靠的「買進標誌」。

三角形的「高價和低價差額」，加上突破點的價格就是停利點。以下圖長榮的例子，三角波動上下幅度差是2.6元，突破壓力在21.15元，獲利滿足點可以設在21.15+2.6元=23.75元。

假設那一根量大的長紅棒沒有把走勢帶上衝，且明顯向下跌破支撐線讓人感覺到「形狀崩潰」的地方就是停損的點(本例約21元)。所以，發現三角趨勢，可以在比壓力線高一點的地方設買點、在比支撐線低一點的地方設賣點。

長榮(2603) 日線圖 2008/05/09 開 28.50 高 28.60 低 28.05 收 28.05 s 元 量 10848 張 -0.30 (-1.06%)

4-2

這裡+2.6元=
獲利滿足點

買

最近高價

2.6元

突破

21元設定停損

最近低價

賣

買

發現三角波動形狀後，試著畫一條壓力線，股價從壓力線向上突破後，買進。可以在比壓力線稍上方預設買點。

賣

三角的上下浮動幅度，加突破價就是獲利了結的目標價。

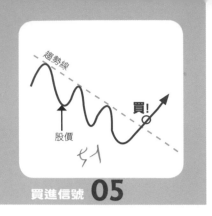

下跌走勢下，
股價向上突破壓力，
買！

2.3

買進信號 05

如 矽創的例子，以趨勢線（壓力線）為界持續下跌的股，上漲並突破趨勢線後股價多半會轉入上漲走勢。因此，這個模式中，「突破趨勢線」是買進標誌。

但股價突破趨勢線之後，通常會先跌一下。因為下跌走勢持續的過程中，有部分投資人心理上想的是：「太傷心了跌那麼多，等出現好價位就賣出。」

因此，除了「突破趨勢線處買進」外，還可以考慮「在突破趨勢線後的一時突然下跌處」買進。這裡的「一時突然下跌」其買進目標可以參考重要的移動平均線。

關於停利，就像本例一樣可以伴隨上漲提高停利點。停利點(賣出點)可以設置在上漲過程中的波段低點。也就是向下跌破波動低點就賣出，以這個例子而言，不斷的提高停利點，當股價來到A點時，已經出現可能往下走的味道了，短線投資人可以在這個點賣出。

停損可以設定在「本以為即將轉入了上漲走勢，卻再次下跌」的地方，本例大約在B點85元。

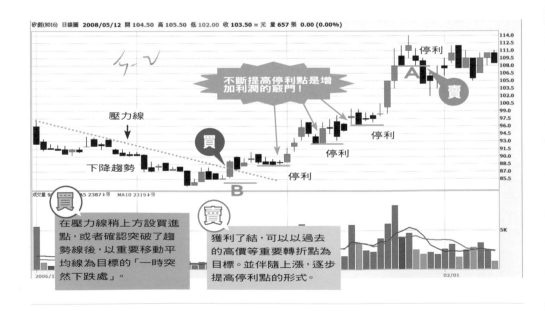

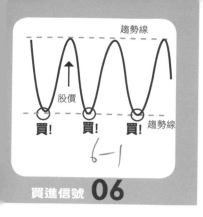

變成BOX後，
下限買進！
上限賣出！

B OX模式就是像下圖中中信金的例子一樣，行情在一定的價格水平（有人又叫股票箱）來來往往，形狀非常簡單。符合BOX模式的個股，可以為投資者帶來絕好的買賣機會。

關於買賣點，從圖表就一目了然。「下跌到BOX下限附近」是買進信號，「上漲到BOX上限附近」是賣出信號。因此，可以在接近下限發出委託買進，在BOX上限附近發出賣出預約。

為了能夠確保預約成功，在BOX上限稍下方發出賣出委託比較好。發現了這樣規律的模式，算是買賣的絕好機會。

當然，沒有模式是有百分之百準確的，以為股價會向上走，但也會出現好像不再走BOX模式的時候，此時，在低於BOX下限一點的地方也要進行停損。

業績和股價變動穩定，成交量也大的好公司，發現股價呈BOX模式時交易獲利的機率很高。若看上去是BOX變動，但公司業績不穩定，或者成交量小的股票，形狀有可能突然崩潰，股價急劇下跌。所以，基本上優良的大型股比較適合這個模式。

十二種交易模式

在BOX下限設預約買進，等待機會。

在BOX上限的稍下方處發出賣單委託。

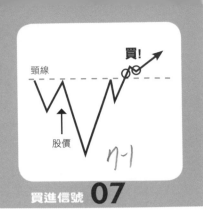

頸線
買!
股價
7-1

2.7 **低價圈出現三重底，**
突破頸線處，
買！

買進信號。**07**

三重底是股價出現三次低價，中間低價下陷最深的形狀。在低價圈出現，是強有力的打底信號，準備上漲的模式。這樣的模式買進信號是「明顯向上突破頸線」處。頸線是指，連接三重底兩次回升高價而成的線。股價突破這條線後，可以看作是三重底形狀築底完成。突破頸線後，有時會出現一時突然下跌，也可以等待「一時下跌」再買進。買進目標可以設在頸線附近或者重要移動平均線。三重底的打底形狀勁頭很強，完成打底後若股價只稍微低於頸線，並不能說模式崩潰了。因此，低於頸線水平處的移動平均線可以作為買進的目標。確認三重底的形狀後，以一時突然下跌為前提，可以分好幾次買進。停利點從突破點算加「三重底最低價到頸線的幅度」，比如本例三重底的最低價到頸線距離是8.3，突破點在35.35，停利點在43.65。如果股價雖然一度突破頸線，但卻沒有順利往上走，而是被推回三重底中間附近，三重底的模式算是已經崩潰，投資人只能認賠出場，本例是31.2。

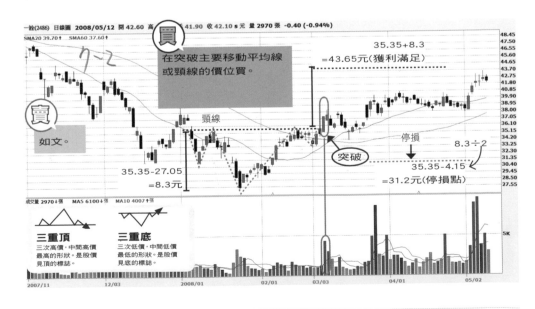

一詮(2486) 日線圖 2008/05/12 開 42.60 高 收 41.90 收 42.10 s 元 量 2970 張 -0.40 (-0.94%)
SMA20 39.70↑　SMA60 37.60↑

7-2

買
在突破主要移動平均線或頸線的價位買。

35.35+8.3
=43.65元（獲利滿足）

賣
如文。

頸線

35.35-27.05
=8.3元

突破

停損
8.3÷2
35.35-4.15
=31.2元（停損點）

成交量 2970↓張　MA5 6100↓張　MA10 4007↑張

三重頂
三次高價，中間高價最高的形狀。是股價見頂的標誌。

三重底
三次低價，中間低價最低的形狀。是股價見底的標誌。

2007/11　12/03　2008/01　02/01　03/03　04/01　05/02

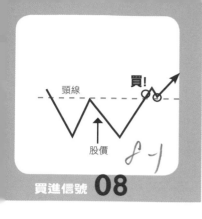

$>,8$

低價圈出現W底，
突破頸線處，
買進！

W 底是形成兩次低價的形狀。在低價圈出現這樣的形狀，之後股價有機會轉入上漲走勢。W底模式和三重底很相似，不過比三重底出現得更頻繁。

W底也有一條頸線。W底的頸線，是兩次回升高點的連線，以力成這張圖看約在97.5元。股價突破這條線後，説明已經完成了W底形狀的塑造，此處是股價「打底、進入上漲走勢」的標誌。也就是説，「突破W底的頸線」是買進標誌。

買進點是在突破頸線的位置，可以在稍高於頸線處做預約買進。確認了頸線突破後，還可以等待一時突然下跌的買點，這時候的買點可以參考股價碰到主要移動平均線或頸線。獲利了結點，在「W底的上下變動幅度差加上頸線的股價水平」、或者「前一次的上漲幅度，加上最近的低價」。

停損，在下跌到W型態的中間價位。當股價下跌到這裏，W底模式很有可能已經崩潰了。

十二種交易模式

力成(6239) 日線圖 2008/07/17 開 101.50 高 105.00 低 100.50 收 105.00 s 元 量 2528 張 +6.00 (+6.06%)

SMA5 115.20 = SMA10 117.75↓ SMA20 120.58↑ SMA60 114.04↑

97.5-82.5=15(w幅度)
97.5+15=112.5(獲利滿足)

$8-2$

頸線

買

突破

w的高度就是上漲的滿足幅度。

15÷2=7.5
97.5-7.5=75(停損點)

成交量 2773↑張 MA5 2902↓張 MA10 3548↑張

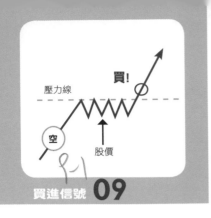

跳空**暴漲後**，
又突破**盤整**，
強力**買進**！

跳 空是因為過強的買(賣)勢力，使得股價不連續的K線圖形缺口。「伴隨成交量激增，跳空上漲」，是由於買盤蜂擁而至所導致的結果，表示「強有力的上漲勁頭」。如果順利抓住機會，短期內就能獲得利潤。但若判斷錯誤，上漲能量沒有持續，反而轉為下跌，有可能股價會暴跌以填補跳空的空白。若跌到跳空的價格帶以下，股價一旦開始下跌，就可能拖拖拉拉的下跌。

因此出現跳空暴漲，得要觀察之後的價格變動。暴漲後如果出現盤整，等到向上突破盤整後，就是買進的標誌。

這是上漲勁頭十分強勁的模式，因此買進標誌一出現，就有可能會馬上急劇上漲。所以可以用上漲到××元後買進，下跌到××元賣出的「倒限價」下單。

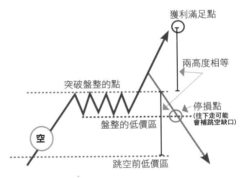

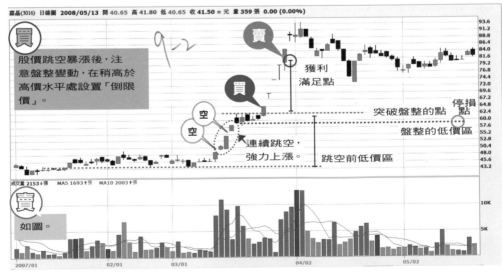

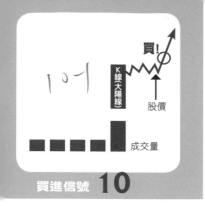

成交量激增，
大陽線+突破盤整，
買！

伴　隨成交量激增出現大陽線後並突破盤整的模式，跟前面「跳空暴漲…」很像。不過，相較之下，跳空上漲的勢頭要比出現大陽線來得強。在下圖鴻海的例子中，A點是伴隨成交量激增出現的大陽線，這意味著買盤蜂擁而至。大陽線出現後，可以馬上買進。不過，如果暴漲後立刻買進，有可能也會捲入狂漲後暴跌的危險。所以，還是應該冷靜的沈著對應。如果等到急劇上漲後出現了盤整，等於是股價經過一番整理後再出現突破上漲的模式，差不多可以確定上漲走勢開始了。所以，在這裡的「向上突破盤整」是很好的買進信號。獲利滿足點與停損如下圖：

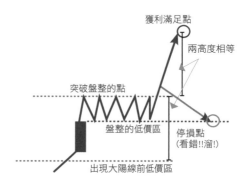

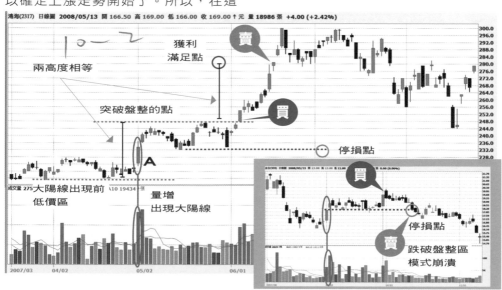

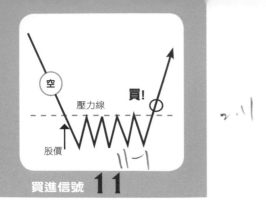

跳空下跌後，
向上突破盤整，
買！

買進信號 11

前 面提到「跳空暴漲」，本文是與之相反的「跳空暴跌」模式。

「跳空暴跌」，意味著賣出蜂擁而至，還沒來得及出現價格，就已經大幅度下跌了。這可能是因為產生了強勁的下跌能量，像本例中的宏齊受到法人對07.4Q業績表現不如預期影響而強力下跌，在低價圈出現「跳空暴跌」後盤整，可以把它想成沒有信心的投資人在觀望一陣之後，一口氣拋出持股，使得下跌能量殆盡，出現打底形狀。

但投資人要仔細看清楚暴跌後是將產生更大的下跌能量？還是下跌能量耗

盡?跳空暴跌後，如果向下跌破暴跌後的盤整，很有可能會持續下跌走勢。不過，如果向上突破盤整，以後也有可能馬上上漲，從而填補跳空。也就是說，「跳空暴跌」模式中，「向上突破跳空暴跌後的盤整」是買進信號。出現這個信號，股價有可能從這裏開始回升，所以可以在向上突破盤整的地方買進。獲利了結目標是，填補跳空的價格水平。停損的目標是，急劇下跌後的低價。原以為「會上漲填補跳空」，但卻下跌低於跳空後的低價，說明模式已經崩潰。

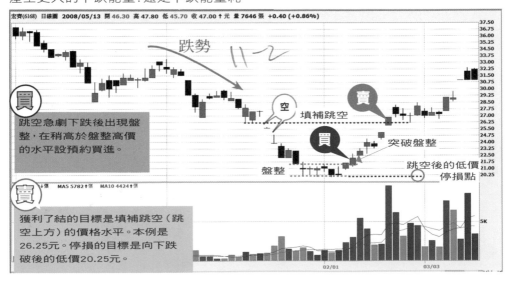

買 跳空急劇下跌後出現盤整，在稍高於盤整高價的水平設預約買進。

賣 獲利了結的目標是填補跳空（跳空上方）的價格水平。本例是26.25元。停損的目標是向下跌破後的低價20.25元。

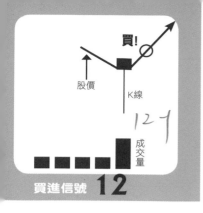

買進信號 12

持續下跌中，
大成交量+下影線，
買！

股價跌到底將會反彈是股價的習慣之一。當股價圖出現帶著長下影線的K棒時顯示出「暴跌→急速反彈」的變動。所以，如果持續下跌後出現下影線可以看作是進入反轉的信號，此時，如果還伴隨著成交量激增，那麼作為反轉信號更為可靠。伴隨著成交量激增出現的下影線，意味著「拋售蜂擁而來，但是能量被吸收，開始出現買進能量」。

從以上內容可以得知，「持續下跌後，伴隨著成交量激增出現了下影線」的形狀可以看作是買進信號。確認了買進信號的第二天，可以在稍低於前一天收盤價的水平設買點。

以本圖為例，在跌勢中出現像釘子一樣的長下影線K線，隔天就可以在比收盤價更高一點的地方設買點。

停利點，可以先定在前一次的高價處。本例大約在39元可以獲利出場。停損點則在向下跌破下影線的最低點大約是29元左右。除了以上這個模式，相似的模式還包括，將下影線由「大陰線和大陽線並排的形狀」代替。

總之，「暴跌→急速反彈」的形狀是這類模式的特色。

高林股(1531) 日線圖 2008/07/17 開 22.45 高 23.70 低 22.40 收 23.70 s 元 量 3399張 +1.45 (+6.52%)
SMA5 42.85↑　SMA10 42.51↑　SMA20 41.73↑　SMA60 37.92↑

賣
最近的高價

其他的打底信號
持續下跌後出現這樣的形狀，是打底信號。

買
下影線的最低價 停損點

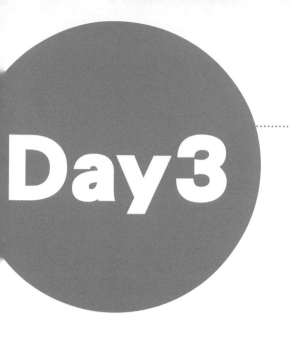

Day3

技術指標看上去很難，
但是有了它們，
一眼就能看出股價變動的轉捩點。
這門看上去很不易懂的課程，
其實比前兩天課程還簡單！

技術指標是股價溫度計

第 3天介紹判斷買賣時機的武器——技術指標。技術指標是用統計方法將股價等資料加工而成的指標和圖表。簡單的說,技術指標就像是汽車計速器或體溫計一樣,使用者即使不完全瞭解內部詳細的構造,但在日常生活中也能簡易使用,而且是非常有用。

技術指標就是這樣,即使不去一個一個瞭解詳細的結構,只要知道意義和用法,就能判斷出——

股價上漲太多了,行情過熱,差不多需要注意了⋯⋯。

股市已經充分休息過了,什麼時候開始上漲都不足為奇⋯⋯。

技術指標有很多種,國內外加加起來應該有上百種,而且隨著電腦普遍,投資人自己開發的技術指標還一直不斷在增加之中,有些電視投顧老師也會行銷自創的技術指標,而這次我們精心挑選的是幾種常見而且口碑不錯的來介紹。指標的計算公式通常很複雜,投資人可以上網找原始公式研究,本文則偏重實戰應用面。

尋找各個時間的有效指標!

使用技術指標時,首先,要在不同時間找出適合個股的指標非常重要,比如——

現在RSI信號對台積電的走勢很有效,但是MACD不夠⋯⋯

聯發科的MACD已經出現該賣的訊號,可是RSI還不夠⋯⋯

不同股票、不同時間週期,在主客觀環境上不同,有效的技術指標也不一樣。另外,使用技術指標,停損點的設置是不能忽略的(見右「附註」說明)。

技術指標大致可以分為追趕走勢的順流而下型如:MACD等,以及尋找「過度買進」或「過度賣出」的逆流而上型如:RSI、KD等。

順流而下一般稱為趨勢型指標,也就是跟隨著本來就上漲的股票,等待進一步的上漲,是一種隨股而動的方法。

逆流而上又稱為擺盪型指標,也就是在股價超跌處買進以等待反彈,是一種逆價格變動而行的方法。

技術指標分別從這兩種觀點出發,提供投資人買進或賣出訊號。

使用趨勢型指標時,雖然會出現走勢一直不斷加強的訊號,但當走勢崩潰,也要設停損點;相同的,使用擺盪型指標當指標因「過度賣出」而出現買進信號時,若是市場還是一直強力下跌,訊號也會一直出現更強力的買進訊號,所以,綜合以上兩大類型指標,不管那一種技術指標都沒有辦法100%找出「這裡一定會跌(漲)的點」,因此,設定「自己最多只能承受XX元」是務實的停損方法。

● 簡要的技術指標分類

技術指標有非常多種!

技術指標對判斷「現在買進是否合適」很管用。結合股價圖使用技術指標,判斷如何交易,會越來越有自信。

	逆流而上型(擺盪型)	順流而下型(趨勢型)
說明	擺盪指標是指數值在一定範圍內上下波動擺盪,利用擺盪指標可判斷股價超買及超賣水準。	行情漸趨向上(向下)的慣性,可以作為多頭或空頭開始的參考。可用來判斷股價目前及未來的中期趨勢以及買賣訊號。
指標	RSI、KD、威廉	MACD、DMI趨向指標
停損	無法100%一定是買賣的點,要配合其他指標並設停損點。	走勢崩潰時。
附註	技術分析是利用過去的資料推論未來,因此嚴格來講是行情「可能性」的參考,不是絕對性的。 另外,由於每一檔股票參與的人不一樣,形成的操作循環也不同,因此,使用同一套技術指標且同一套參數去操作是不合理的。 比如,以外資法人持股高的台積電及另外一檔完全沒有外資法人持股的小型股甲公司而言,台積電因為是法人持有,中長期趨勢較不易改變,因此以循環較長的趨勢指標來操作較有利(如MACD等),但小型的甲公司是散戶的最愛,短期間容易暴起暴跌,投資人一面利用趨勢型指標一面加上擺盪指標(如KD、RSI等)來操作,勝率較大⋯ 但不管怎麼說,技術指標的製作是來自於股價,也就是先有股價這個結果才有技術指標這個指標,因此,投資人要先精研幾項指標再互相搭配使用是比較合理的。其他詳細指標請參考「股票初見面—短期交易」與「看盤選股」。	

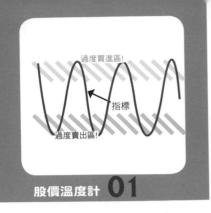

過度買進區!

指標

過度賣出區!

股價溫度計 **01**

RSI、KD、威廉指標，
20%以下，
買進！

1-1

技術指標中使用方便且最有人氣的是擺盪指標。也就是將「過度買進」或「過度賣出」的股價變動狀態以數值畫成線，讓投資人一眼就能看出現在所處行情狀況的指標。

可以同時條列好幾種技術指標

擺盪指標包括RSI、KD隨機指標、威廉指標……等種類有很多。使用方法和讀法大部分相同。

指標上下擺動的範圍內，進入上面的區域後就是過度買進=賣出信號；進入下面的區域後就是過度賣出=買進信號。

不同的指標有不同的計算公式與適合判斷行情的方法，一般投資人會同時採用很多條不同的指標，例如右頁的瑞昱，在K線下方設定了RSI、KD與威廉指標，在A點時，這三個指標同時都進入過度賣出區域(低於20%)，可以說買進信號一起亮燈，股價隨後進入上漲。

股價到了B點，三個指標也一起進入過度買進區域(高於80%)，可以說是賣出信號一起亮燈。像這樣，一面結合股價的K線、移動平均線，一面配合技術指標，就能增加買賣成功的勝算。

除了結合多個指標一起看之外，還可以結合其他類型指標像是「變動較快的線和變動較慢的線」，「關注收斂和發散的情況」等這些在後面會提到。

此外，擺盪指標在有些行情下能發揮威力，但有時則看起來一點用處也沒有。為什麼呢?像2008年6月、7月的台股擺盪指標已經全都在20%以下「躺平」很久了，為什麼股價還是直直落呢?這就是指標的鈍化，例如6日RSI在大空頭行情會快速下降，連跌幾天之後RSI會趨近0，行情再繼續跌指標就等於失靈。所以，適合這一類震盪指標發揮威力的，通常股價走在一定範圍內上下擺動的BOX行情或者是上漲走勢和下跌走勢較和緩的情況，指標的準確度較高。

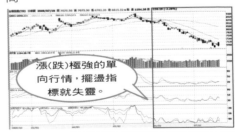

漲(跌)極強的單向行情，擺盪指標就失靈。

但可以用細化時間段的方式，比方說採用60分鐘K線就可使指標「活過來」。

1-2

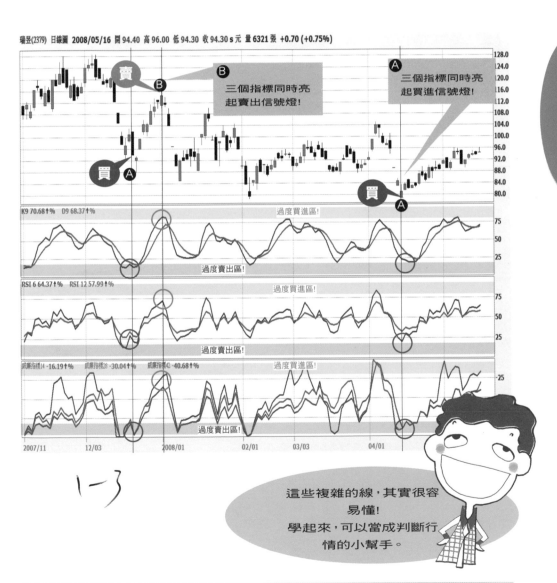

瑞昱(2379) 日線圖 2008/05/16 開 94.40 高 96.00 低 94.30 收 94.30 s 元 量 6321張 +0.70 (+0.75%)

賣

B

B 三個指標同時亮起賣出信號燈!

A

三個指標同時亮起買進信號燈!

買

A

買

A

K9 70.68↑% D9 68.37↑%

過度買進區!

過度賣出區!

RSI 6 64.37↑% RSI 12 57.99↑%

過度買進區!

過度賣出區!

威廉指標14 -16.19↑% 威廉指標28 -30.04↑% 威廉指標42 -40.68↑%

過度買進區!

過度賣出區!

2007/11   12/03   2008/01   02/01   03/03   04/01

1-3

這些複雜的線，其實很容易懂!
學起來，可以當成判斷行情的小幫手。

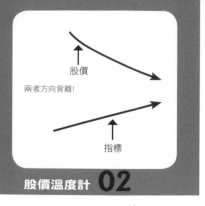

股價
兩者方向背離！
指標

低價圈內股價跌，但指標已開始上升，買進！

2↑

效使用RSI、KD、威廉等震盪類指標的訣竅之一，在於關注股價與指標兩者是「收斂」或「發散」的變動。

指標變動與股價相反，走勢轉換

收斂指「在低價圈內股價仍然持續下跌，但指標開始上升」的變動。收斂意為「收集成束」，從股價圖上可以看到，股價和指標互相靠近。

從右圖中的A部分，可以看出股價下跌，KD隨機指標位於25%以下的區域逐漸變為朝上。這種變動就是收斂形狀，也就是股價與指標背離。

股價持續下跌的過程中，震盪指標開始上升，這種情況說明了「下跌勢頭衰竭，預示著股價轉入上漲」。所以，也可以作為買進信號。

以指標賣出可以看KD指標在高價圈內死亡交叉處，或者RSI、威廉進入「過度買進」區域，進行獲利了結。

停損，可以以自己能夠承受的損失額為基礎來設定。

股價漲但指標落下，要提高警覺

與收斂形狀相反的模式叫做發散。如右圖B點的例子，股價還在持續上漲，但指標卻朝下，也就是股價和指標朝不同的方向「發散」這樣變動多半是股價轉為下跌的前兆。股價雖然在上漲，但是震盪指標卻開始下跌，可以看作是上漲勢頭衰竭的預兆。

綜上所述，指標出現發散後，要將其視為警戒標誌。

KD、RSI、威廉等震盪指標處於「過度賣出」的區域是買點。另外，股價持續下跌，但指標開始已上升，可以判斷為「下跌能量衰竭」，也是買點。

KD、RSI、威廉等震盪指標處於「過度買進」的區域，是賣出訊號。停損，以自己能夠承受的損失額為目標。

2-2

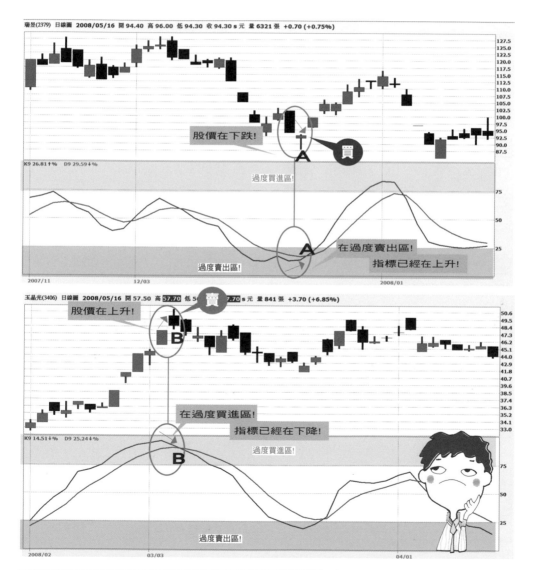

瑞昱(2379) 日線圖 2008/05/16 開 94.40 高 96.00 低 94.30 收 94.30 s 元 量 6321 張 +0.70 (+0.75%)

股價在下跌!

買

A

過度買進區!

K9 26.81↑% D9 29.59↓%

過度賣出區!

A

在過度賣出區!
指標已經在上升!

2007/11   12/03   2008/01

玉晶光(3406) 日線圖 2008/05/16 開 57.50 高 57.70 低 5♦ ♦7.70 s 元 量 841 張 +3.70 (+6.85%)

賣

股價在上升!

B

在過度買進區!
指標已經在下降!

K9 14.51↓% D9 25.24↓%

B

過度買進區!

過度賣出區!

2008/02   03/03   04/01

技術分析圖解

2-3

55

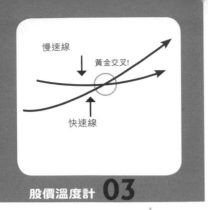

慢速線

黃金交叉！

快速線

KD指標，
超買區死亡交叉，賣！
超賣區黃金交叉，買！

3-1

KD指標融合了相對強弱指標超買超賣與移動平均線的觀念，分別計算快速隨機指標K線與慢速隨機指標D線，利用K線與D線交叉點可以判斷股市短期行情變動的買、賣訊號。

當K線由上而下穿過D線，跟前面所提的移動平均線一樣，當快速線由上而下穿過慢速線，是死亡交叉，可視為賣出的訊號。相反的，若是K線由下而上穿過D線，是黃金交叉，可視為買進訊號。而死亡交叉若是發生在超買區（80以上）、黃金交叉若是發生在超賣區（20以下）更較有參考性。

另外，KD值若衝上80以上，且停留在80以上鈍化，如前面所提，這是超強的上漲走勢，漲勢也會持續比較久的時間，所以，強勢上漲有回檔，短期仍可買進，有機會再創新高；相同道理也可用在20以下鈍化情形。

鈍化的情況可以把時間段改短，比方說，本來看日線圖的KD操作，現在改成60分鐘K線圖試試，還是能找得到買賣點。

3-2

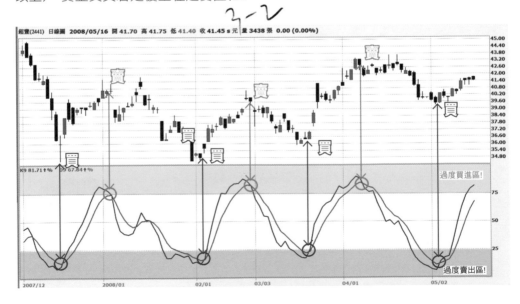

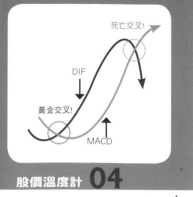

研判中長期的MACD！
快線和慢線，
紅柱和綠柱，

4-1

MACD是利用利用快慢二條（快線：DIF，慢線：MACD）移動平均線的變化作為盤勢的研判指標，具有確認中長期波段走勢並找尋短線買賣點的功能。它的研判標準主要是快線和慢線及紅、綠柱線狀況。當DIF和MACD均大於0（即在圖形上表示為它們處於0軸以上）並向上移動時，一般表示為股市處於多頭行情中，可以買入或持股；相反的則是空頭行情。而不管這兩條快線慢線在0軸之上或之下，快線往下穿過慢線是"死亡交叉"為短期賣出訊號；兩條線為黃金交叉時（快線由下往上穿過慢線）是短期買進訊號。

圖表中的紅柱、綠柱是由DIF－MACD繪製成的。

當紅柱持續放大時，表明股價將繼續上漲，直到紅柱無法再放大時才考慮賣出。當綠柱狀持續放大時，表明股價將繼續下跌，直到綠柱開始縮小時才可以考慮買入股票。

當紅柱開始消失、綠柱開始放出時，表示上漲行情即將結束；當綠柱開始消失、紅柱開始放出時，表示股市的下跌行情已經結束，股價將開始上升。

動益(1437) 日線圖 2008/07/18 開 18.00 高 18.10 低 16.55 收 17.00 s 元 量 1293 張 -0.75 (-4.23%)

4-2

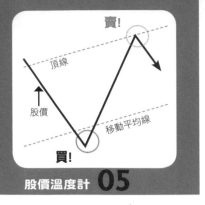

股價溫度計 **05**

布林線，
碰觸頂線，賣，
碰觸底線，買。

布　林線是指如右頁中崇越的圖表所示，以移動平均線（此例為20日移動平均線）為中心上下移動的帶狀圖表。

　　布林線(有人也稱保力加通道)是由三條線組成，中軸是股價的簡單移動平均線(此例為20日移動平均線)，而通道頂和通道底則是由中軸的簡單移動平均線和標準差的倍數計算出來(標準差是衡量收盤價偏離移動平均線的平均值)。一般應用於波段操作時的技術指標。這條帶狀區的寬窄，隨著股價的漲跌幅度加大，開口會變寬，漲跌幅度變小，開口就變窄，當通道變窄表示市場波輻變小，意味著股價正在進行橫向整理，也就是布林線的開口縮小時，投資人先不要急著買進或賣出，因為此時布林線只在説明股價隨時會突破，卻沒有明確的説是向上還是向下。

布林線要確認走勢後再運用

　　處於上升走勢時，股價是夾在中軸線和頂線之間變動的。投資人採取「在中軸上買進，股價碰到頂線上賣出」的戰略就能見效。反過來説，如果是下降趨勢，投資人就可以站在賣方考慮市場。

　　由於布林線的原理是股價在一條帶狀的走道移動，上下限代表壓力與支撐，所以，也等於告訴投資人相對的買賣波段點，在波段操作上比一般技術分析有效，但短線的買賣點就不明確了，因此，最好配合其它技術指標如RSI、KD，也就是當股價在布林帶的底部且這兩個指標都低過20，就是買進訊號；反之，如果股價布林帶在頂部且RSI、KD都超過80，就採取賣出動作。

ケ-2

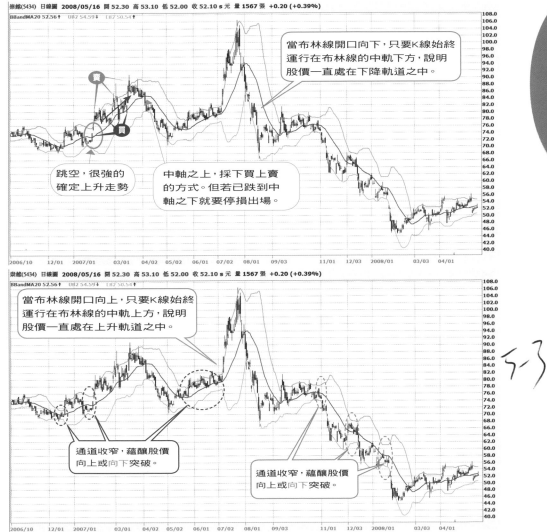

崇越(5434) 日線圖 2008/05/16 開 52.30 高 53.10 低 52.00 收 52.10 s 元 量 1567 張 +0.20 (+0.39%)
BBandMA20 52.56↑ UB2 54.59↓ LB2 50.54↑

當布林線開口向下，只要K線始終運行在布林線的中軌下方，說明股價一直處在下降軌道之中。

跳空，很強的確定上升走勢

中軸之上，採下買上賣的方式。但若已跌到中軸之下就要停損出場。

崇越(5434) 日線圖 2008/05/16 開 52.30 高 53.10 低 52.00 收 52.10 s 元 量 1567 張 +0.20 (+0.39%)
BBandMA20 52.56↑ UB2 54.59↓ LB2 50.54↑

當布林線開口向上，只要K線始終運行在布林線的中軌上方，說明股價一直處在上升軌道之中。

ケ-3

通道收窄，蘊釀股價向上或向下突破。

通道收窄，蘊釀股價向上或向下突破。

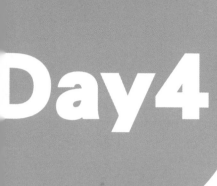

Day4

學習圖表模式和技術指標後，

再增加「企業基本面」

與「日曆效應」的知識，

讓勝算機率提高。

由基本面深度了解企業

如何捕捉股價動向？這點在股票交易中非常重要。為了達到這個目的，前面三天學習如何看股價圖，再來就要增加「基本分析」和「日曆效應」這2項能力。

基本分析，也就是個別企業經濟基礎條件分析！

企業經濟基礎是指企業的業績等「公司的實況動向」。

一面查看股價圖上價格變動，一面配合企業經濟基礎條件的研判，那麼，從圖表模式中判斷的買賣指標會進一步增加其可靠度。

為什麼呢？

首先，直接影響股價的主要因素是「供需」。供需是指想買股票的人和想賣股票的人之間的勢力狀況。如果想買股票的人多，而想賣股票的人少，股價就容易上漲，這種狀況叫「供需良好」；反過來，如果想買股票的人少，而想賣股票的人多，股價就容易下跌。這種狀況叫「供需不好」。

影響這種供需的是經濟基礎條件。

如果公司業績發展未來被看好，那麼想買這家公司股票的人就會增多，如果這家公司快要倒閉，想賣掉它的股票的人就會蜂擁而至。

因此，表面上看得到股價的漲跌，但背地裡影響股價的真正因素是企業的基本條件，也就是經濟基礎條件影響供需，供需又會影響股價。而形成了：經濟基礎條件→供需→股價的關係。

緊跟實況的信號，更值得信賴

從以上說明我們知道，經濟基礎條件和股價之間介入了「供需」這個重要因素。如此，這兩者的動向之間就存在了偏差－－

比如，明明企業本身經濟基礎條件良好，但是由於某種原因讓很多股東必須賣掉手中的股票；又或者是很多人都不知道企業其實經濟基礎條件狀況良好，並沒有很多人想強力持有這檔股票，以上的因素都將讓供需不理想。股價的上漲就會滯後。

相反的，也有可能公司本身並不是那麼有實力，但是，如果出現了像IT熱潮（或是能源熱潮、生技熱潮……）那樣的情形，想要購買該公司股票的人就會蜂擁而至，這樣，這個公司的股票就會超出它原本的價值從而成為高價股。這就是所謂的泡沫。

從長遠來看，公司本身情況良好，但是股價低，這樣的公司股票總有一天會上漲；而那種泡沫股票總有一天會大幅下跌。

如此一考慮，我們就可以說，即使透過圖表模式和技術指標確認了其強勁的走勢和絕佳的買進標誌，但買進那種泡沫式股票是有風險的。相反的，如果經濟基礎條件良好的股票出現上行走勢或買進信號時，圖表標誌的可靠度就更高。

● 影響股價波動的因素

4001

影響股價的根本原因

基本面

業績⋯⋯⋯⋯⋯ 營業收入上漲了
企業動向⋯⋯⋯⋯ 開發新產品或換新經營者
景氣動向⋯⋯⋯⋯ 景氣變好

直接影響股價的主要因素

供需

想買的人多 ＝ 供需良好 ➜ 股價上升
想賣的人多 ＝ 供需不好 ➜ 股價下跌

股價

Key-Word

企業基本面

　可以把影響企業獲利發展的所有條件都視為企業基本面的一部份。

　嚴格來說，分析企業的基本面最先要看所屬國家的總體經濟，包括政治穩定性、貨幣政策、利率政策。再來是所屬產業的分析，包括產業的前景、產業平均本益比高低、是否有題材、有無政策作多等等都應考慮。最後，才是個股分析，包括個別股票的營運情況、財務結構、營運風險、成長潛力等等。

　若說簡單一點，則是在介入前先看風險有多大，會不會有財務危機，會不會變為地雷股，再來是評估以後有多少上漲的空間，目前的股價是被高估或被低估，由公司的成長性和股利政策來決定適合長期投資或是賺短期價差。

　由於這些大都由財報分析，所以，也有人簡單的把看財報視為基本分析。

「便宜度」和「消息」

第 2天和第3天介紹的圖表模式和技術指標，會因為加入了「便宜度」和「消息」這種基本面的條件而提高了判斷為買進、賣出的可靠性。

右頁（2397）友通股價圖中的A處（2006年6月中旬）正是齊備了「便宜度」、「消息」、「良好的圖表模式」這3個條件，之後股價就上漲到了原來的好幾倍。

"驚奇"使便宜股的供需好轉

友通是電腦主機板製造廠，在2006年中旬之前，相對於公司的資產和業績，股價一直都很便宜，也不怎麼受市場投資人青睞。當時平均每股的解散價值（每股淨值）大約是25元。但是在A處的股價頂多不會超過20元，也就是說，如果投資人用20元不到的股價買進那個時候的友通，而那個時候的友通把公司賣掉，資產全數變成現金，並把它退還股東，每人還能拿回25元。

再看看股價的部份，從本益比（PER）的指標來看，用2005年每股獲利3.66元計算，當時股價就算20元，也不到6倍（20÷3.66=5.46；一般採15倍為參考，PER高於15算貴，低於15算便宜）。

在這種情況下，友通在A點的地方市場還預估業績即將向上修正。這樣出乎意料的好消息是提高投資人對該公司關注度的一個機會。

從右圖可以看出，好消息出現後股價大幅上漲。也越來越多的人關注到該公司良好的業績和便宜的股價。由此供需好轉，股價進入了上升走勢。

總結內容，可以說股價「便宜」就像是滿罐了汽油，而「好消息」則像點火裝置。兩者具備就有一鼓作氣上漲的能量。「便宜+好消息」是從基本面判斷的買進標誌。從股價圖來看與第二天介紹「向上突破盤整，買。」這個模式吻合。從基本面看如果股票由經濟條件判斷為「買進」的話，那麼，圖表模式的買進標誌可靠性就會更高。投資人對便宜度和消息的關注，可以使運用股價圖的買賣戰略勝算大增。

Q "消息"有哪些種類？

A 消息有好消息和壞消息。

業績預測向上修正是推動股價上升的好消息；業績預測向下修正是導致股價下跌的壞消息。消息中最具代表的是與業績有關，除外還有「讓信譽好的公司併購」、「發表劃時代的新產品」、「鐵腕董事長或總經理就任」、「發佈大膽的裁員計劃」等等都是好消息。而「雖然企業利潤增加了，但是沒有達到預期的目標」、「競爭對手推出了有力的新產品」、「大股東大量申報股票轉讓」則是壞消息。

● 靠意外的好消息突破盤整！

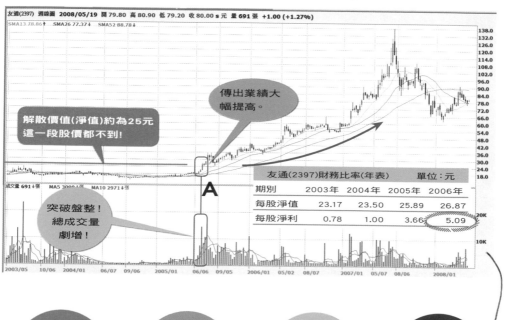

解散價值（淨值）約為25元
這一段股價都不到！

傳出業績大
幅提高。

突破盤整！
總成交量
劇增！

友通(2397)財務比率(年表)			單位：元
期別	2003年	2004年	2005年	2006年
每股淨值	23.17	23.50	25.89	26.87
每股淨利	0.78	1.00	3.66	5.09

便宜 ＋ 好消息 ＋ 人氣（從圖表看突破盤整） ＝ 大幅上漲

Key-Word

股價便宜

股價便宜與否要從相對性來看，包括業績、成長性、資產等方面。

解散價值

指公司解散後，歸還給股東的每股金額。公司資產除以公司已發行的股份數得出的數字。

本益比(PER)

用股價÷每股盈餘這個公式來計算，是判斷「股價是每股收益幾倍」的指標。基本上來說，這個數字越大表示股價愈貴，數字越小股價就越便宜。

早期發現能漲2、3倍的股票

如果可以的話，好希望買到未來能上漲到2、3倍的股票……。

這是很多長期投資者共同的願望。

美國成功的投資家威廉‧歐尼爾（William J. O'Neil)也是一個有這樣強烈期望的投資人。他為了實現這種願望，對於過去40多年股價成長幾倍甚至數十倍的企業做徹底研究，並歸納出這些企業共同的特徵。最後他發現這種大成長股的特性，包括：1.業績持續上升；2.近期業績有大成長；3.股價出現新高價；4.小型股。

捕捉大成長股的竅門

業績是大成長股初漲階段的重要指標。右頁主營IC設計的智原（2007年3月份）就是一例，股價飆漲前智原的業績一直在成長。

對於第3點「股價出現新高價」你可能產生以下的疑問：「不是說要買股票的"初漲階段"嗎?怎麼還要在那麼貴的時候買？」。

據歐尼爾的研究，大成長股的行情啟動是從股價創新高價才真正開始的，而比起市值已經很大的大型股票，選擇市值小的小型股，發現這樣的大成長股機會較多。所以，新興市場中的小型股可以是選擇的目標。

從「手把」向上突破後上漲開始

除了上述的經濟基礎條件，歐尼爾還發現了大成長股初期階段容易出現的圖表模，有所謂「帶把兒的杯子」型圖表模式。就如我們在智原股價圖中看到的一樣：股價一度長期低迷，當股價再度漲回高價附近（「杯口」位置），進一步在接近新高價的地方形成橫向盤整（像杯子的「手把」）。接著，當行情出現向上突破盤整後，就有可能真正開始上漲走勢。如本例智原的模式，一面業績擴大一面獲利預測也大幅增加，勢頭十分強勁。2007年3月的業績預測正是處於圖表的「手把」部分，這成為向上突破的契機。在此之後，股價上漲到了好幾倍。

Q&A

Q 如何找成長加速的股票？

A 尋找正處於成長加速時期的股票可以多留意專業報章雜誌對上市公司的最新業績預測資訊；另外，上網看上市公司的財務報表，從企業的季報、月營收與獲利的變化都能挖到寶。

● 業績加持,股價向上突破 "杯形手把" 時買進

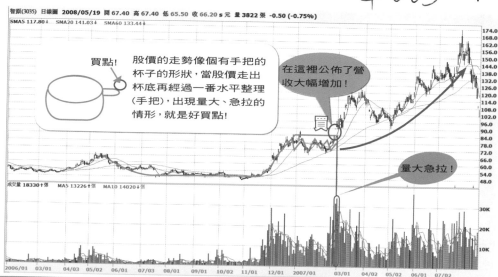

買點!

股價的走勢像個有手把的杯子的形狀,當股價走出杯底再經過一番水平整理(手把),出現量大、急拉的情形,就是好買點!

在這裡公佈了營收大幅增加!

買

量大急拉!

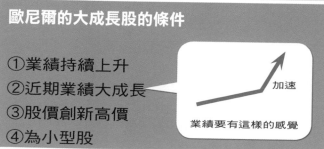

歐尼爾的大成長股的條件

①業績持續上升
②近期業績大成長
③股價創新高價
④為小型股

加速

業績要有這樣的感覺

智原的業績狀況

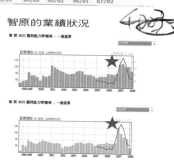

Key-Word

威廉‧歐尼爾

威廉‧歐尼爾(William J. O'Neil)是美國有名的投資大師,他運用自己的研究曾創下26個月大賺20倍的記錄。

歐尼爾在1953到1990年間曾對美國表現最好的500家上市公司進行研究,整理出CANSLIM的投資哲學—

C 當季盈餘成長率至少18%-20%;

A 過去5年盈餘成長,複合成長率15-50%;

N 新產品、新管理階層或股價創新高;

S 流通在外股數少或在合理範圍內;

L 市場領導者;

I 專業機構認同;

M 市場走向。

PBR＜1+股價轉強個股

先來解釋什麼是「成交高潮」。

參考右圖福懋的Ａ點。股價在一段不短的期間持續下跌後最後出現拋售潮，一面股價加速下跌一面總成交量劇增。而在這種賣出高潮後，接下來的可能就是適合買進的好行情。

這種成交高潮是股票市場會反復出現的一種模式，妥善擬好戰略，發現這種模式時，有很高的機會可以獲利。

但是，捉住成交高潮模式的交易，如果不仔細研究戰略的話會伴有風險。例如，右圖另一張華碩的例子，在Ｂ點也是出現了成交高潮，但是股價幾乎沒有反彈，反而是繼續一路下跌。

在B處出現的暴跌，看起來似乎是成交高潮，但事實卻相反，股價反而從這兒開始產生非常強勁的下跌能量。引起這種現象的因素很多，國內外整體經濟情況不佳、對產業疑慮都可能會出現——

「以為跌到底了，後來才知道，那不過只是信心崩潰的開始……。」

像這樣，引起股價下跌的原因很嚴重的時候，如果在暴跌時輕易買進的話反而會遭到嚴重損失。

暴跌時買進的基本面條件

要趁「暴跌+成交量高潮」成為一個有效的買進信號，最好的辦法是先確認基本面是否符合以下條件——

‧公司的經營是否穩定。

‧股價最好低於每股淨值（PBR＜1）。

在下跌走勢中，引發觀望的投資人不計成本的拋售股票大多是目前業績惡化，或是存在著不良條件、不利因素。但是，若個股本身的經營基礎很穩固，將來能恢復業績，或是目前業績雖然不好但是企業還是保持了某種程度上的利潤，尤其股價如果已經跌到低於每股淨值，不再繼續暴跌，走向反彈的機會就大增。

右例福懋元月份跌跌不休，月底出現了失望性的賣出高潮，儘管如此，從月營收看，它的業績還是不錯；另外，每股淨值有34.68元，在賣出最高潮時，它的股價低到只有28元，數一數這已經低於淨值（PBR只有0.8）很多了。

一者，經營狀況穩定；

二者，股價低於淨值；

三者，A點的股價已大大的偏移20日移動平均線，此時的購買高潮正是絕好的買進時機。在那之後投資人氣回籠，股價就回升了。

● 瞄準購買高潮！

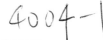

4004-1

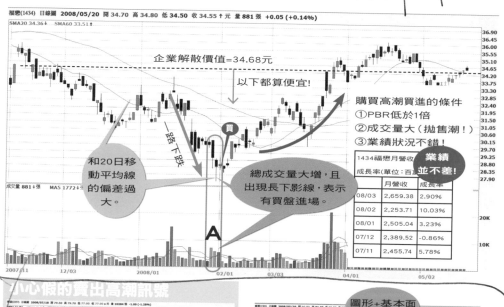

福懋(1434) 日線圖 2008/05/20 開 34.70 高 34.80 低 34.50 收 34.55↑元 量 881 張 +0.05 (+0.14%)

SMA20 34.36↓　　SMA60 33.51↑

企業解散價值＝34.68元

以下都算便宜！

購買高潮買進的條件
①PBR低於1倍
②成交量大（拋售潮！）
③業績狀況不錯！

和20日移動平均線的偏差過大。

一路下跌

買

A

總成交量大增，且出現長下影線，表示有買盤進場。

成交量 881↓張　　MA5 1772↓張

1434福懋月營收		業績並不差！
成長率（單位：百萬）		
	月營收	成長率
08/03	2,659.38	2.90%
08/02	2,253.71	10.03%
08/01	2,505.04	3.23%
07/12	2,389.52	-0.86%
07/11	2,455.74	5.78%

小心假的賣出高潮訊號

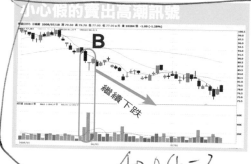

B

繼續下跌

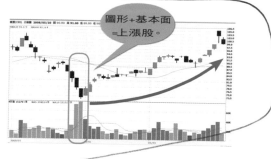

圖形＋基本面＝上漲股。

4004-2

Key-Word

PBR

從資產的角度判斷目前股價是否便宜的標準。

用股價除以每股淨值以判斷股價是每股股東權益的幾倍。

業績和公司情況一般時（不要是太爛而且已經沒有產業競爭力者），PBR小於1時股價便宜，可以看作是值得買進的價格。

股價總比新聞提早反應

明 明是好消息，為什麼股票卻大跌? 有投資經驗的人應該都遇到這樣的事情吧!

一般說來，股價波動會比已經發布在媒體上的新聞來得早。尤其是受關注度高的股票，股價比消息反應提早的情況非常明顯。

為什麼呢?

若一定要有個理由的話，可以解釋說，有實力的投資人他們是一邊研究行情一邊買賣股票的。

所以，股價的反應波動會比被披露的消息來得早反應。若是利多的消息並沒有能量反應太長的時間，當一般投資人得知好消息而進場買進時，剛好遇到早一步進場的投資人已經獲利出場的時機，所以，才會出現明明才剛發布的業績好消息，股價就應聲慘跌的情況。

相反的情況也一樣。

小心，你的資訊比媒體慢半拍!

會在報章媒體發表股票見解的研究員或分析師們，大都會對關注度高的股票進行調查、分析，然後發表研究報告。雖然分析家們都是充分調查了公司動向、預測了將來的情況後才做的判斷，但是他們的報告並不一定在第一時間就會被媒體披露，但卻會對有興趣的特定個人或大型法人有所影響。

所以，一方面來說，受關注度高的股票經常在投資人都尚未有警覺之前就先反應行情，二方面來說，基本面、消息面常常會成為股價的反向指標。

所以，又可以歸納出：當基本面持續被認為很好，但股價卻開始下跌時，這很有可能是走勢開始走下坡的標誌。

反過來，當基本面傳出利空消息，但股價卻開始上漲時，這很有可能是走勢開始走上坡的標誌。

身為散戶的我們，請參考右圖的簡易說明，可以多觀察新聞與股價的關係並試著印證結果。

Q 小型股為什麼股價敏感？

A 小型股票指的是市值的規模和流通量都少的股票，大型股票就是市值規模和流通量都大的股票。

因為流通量少，所以小型股只要稍微大一點的買進(賣出)就讓價格波動大。但大型股票以歷史悠久的企業居多，多年下來積存股票多。即使有大利多或大利空的消息，價格也不易有大的波動。

● 股價不受壞消息的影響的話就是機會！

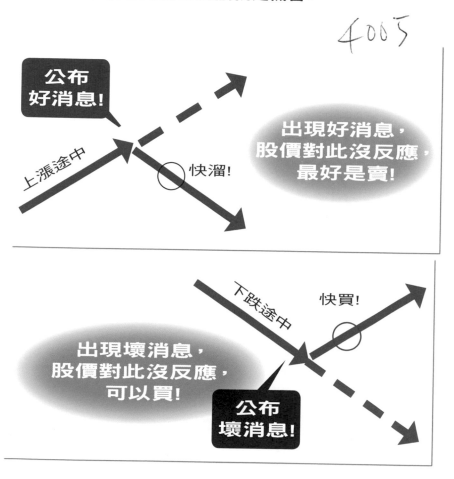

Key-Word

自營商

證券公司用自己的資金進行買賣叫「自營」，從事自營的證券商叫自營商。

元月易上漲，9、10月份易下跌！

在日曆效應的歸納研究當中最有名的是「元月效應」。元月效應正如它的名字一樣，指的是元月份股價上漲的可能性高。「元月效應」不僅是在國內，在以美國為代表的所有主要股票市場，一直廣為人知。

年末到初春是交易好時節

根據各種統計資料，元月股市的勝算率、上漲率等方面都有非常良好的表現。右是國內嘉實資訊統計台股從1987到2007年各月的股價漲跌百分比，元月份表現也居其他各月之冠。

元月份為什麼股票市場的表現會如此良好？有很多種說法。較具代表性的包括「12月份因為年末投資人傾向處理(出售)股票所以容易下跌，它的反作用力使得元月份容易上漲」還有「新年伊始，新資金開始運轉」等等。

其次，5月份一般容易進入調整期，7月、8月份法人投資者很多人都休暑假。由於這些原因，行情能量一般會變小，在台灣更有「五窮六絕七上吊」的說法，從統計圖上來看，除了7月還不錯外，5、6月普遍都是散淡的交易。

接著，9月～10月這段時間表現算是很差吧！不止台灣的統計數字是這樣，9月、10月股市不佳的情況可以說是全世界共同的日曆效應，特別是10月在美國甚至被稱為「魔鬼月份」。1929年的黑色星期四和1987年的黑色星期一，這種歷史性大暴跌都是在10月份。

如上所述，雖然不是百分之百準確但「從年末到春初容易上漲」的這種傾向，是很值得參考的，進行短期買賣時，這個時期是交易獲利的好時期。

Q&A

Q 什麼條件易出現「日曆效應」？

A 日曆效應是影響股價的因素之一。除了日曆效應以外，影響股價波動的還有供需和基本面等各種重要因素。所以如果有其他影響力大的股價變動因素的話,日曆效應將會失去作用。

比如,最易上漲的元月份,如果,該年的元月份股市正受到巨大的利空消息襲擊,且令走勢崩潰,也會出現暴跌。這樣的話,日曆效應將被削弱。

反之,如果沒有重要因素,日曆效應比較容易產生。

● 近20年，11.12.1、2月是最好交易的月份

4006

統計1987/01/06~2007/08/3120年間各月份股價漲跌%（資料來源：嘉實資訊2008投資股曆）

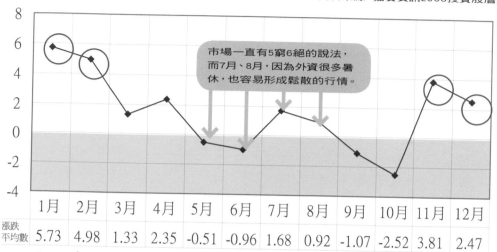

市場一直有5窮6絕的說法，而7月、8月，因為外資很多暑休，也容易形成鬆散的行情。

	1月	2月	3月	4月	5月	6月	7月	8月	9月	10月	11月	12月
漲跌平均數	5.73	4.98	1.33	2.35	-0.51	-0.96	1.68	0.92	-1.07	-2.52	3.81	2.47

元月由於剛進入新年，有外資注入新的資金；2月是農曆年，國內的投資人注入新的資金。

從近20年的數字看，在10月底布局，1元月到隔年的2月這四個月是最好操作的時機！

9、10月是經常出現暴跌的月份。是一年中最需要小心的時候。抓住那個機會，在10月下跌的時候買進反而容易獲利。

Key-Word

黑色星期四

指的是在1929年10月24日（星期四）美國股票市場的歷史性大暴跌。由於這次暴跌美國的平均股價下跌到頂峰時期的十分之一。

黑色星期一

指的是在1987年10月19日（星期一）美國股票市場的歷史性大暴跌。美國股票市場的平均股價僅這一天就下跌了20%，包括這天在內的一週之內下跌了40%。

星期一容易成為行情轉折點

上 一節談到月份的日曆效應,那麼在一週中有沒有特別的規律呢?

市面上有各種不同的偏方(例如有人用中國的黃曆與節氣),而其中最值得關注的要數美國著名的短期交易人賴利·威廉斯(Larry Williams)發現的「星期一容易出現購買高潮」這個規律。

為什麼星期一容易迎來購買高潮呢?

如果上一週股票處於下跌狀態中,那麼,投資人在星期六和星期天就會從電視和報紙媒體聽到很多專家帶來不樂觀的評論。

跌勢中,週一開盤的不安會加重

記者們因為看到已經跌跌不休的股市了,他們的天職就是在這些已經發生的事後找出原因,在這種情況下通常偏向於爆出不利消息(利空因素)。如此,在跌勢下本來就已經很不安的投資人,心理更被煽動了。假設星期一的開盤就跳空下跌,從短期來看,這樣的賣出高潮,之後反彈的可能性很高。在這種慌亂的賣出高潮後接下來的就是上漲轉換的時機。

發現了股價這種特性的賴利·威廉斯制定了一套戰略,就是——

如果星期一在低於上週低價跳空開盤,行情在此之後反而漲超過上週低價的話,就可以把它當作上漲轉換的標誌,買進。

這種操作方式不僅僅是股票,包括債券、期貨也都有相當的可參考性。這種週一交易信號的模式,可以說是反映投資人心理特徵的投影。

台股是否也有這樣的情況呢?

根據這種操作方式,我們把近半年(2008.5月)的加權指數印證看看,5次有4次是準確的哦!顯然相當具有參考性。

Ｑ股票跌就會爆利空消息,為何?

Ａ股市老手常說——盤面的變化會說明一切,包括不為人知的祕密。

的確是,公司的實況往往會先反映在股價上,股價很糟糕的話,這其中多半隱藏著壞消息。所以,很多時候,要預測股票的未來,得從股價圖的各種變化去找「這家企業到底發生了什麼事情」。

另外,股價大幅上漲或下跌時,報紙、電視等都想探究原因。記者通常是「看到結果才找原因」,所以,行情不好時,報導的都是壞消息;行情好時,報導的都是好消息,倒不如學學市場老手,從盤面的變化去揣測這家企業到底怎麼了,可能準確度還來得高得多。

● 週一跳空下跌，填空後，可買進賺短差！

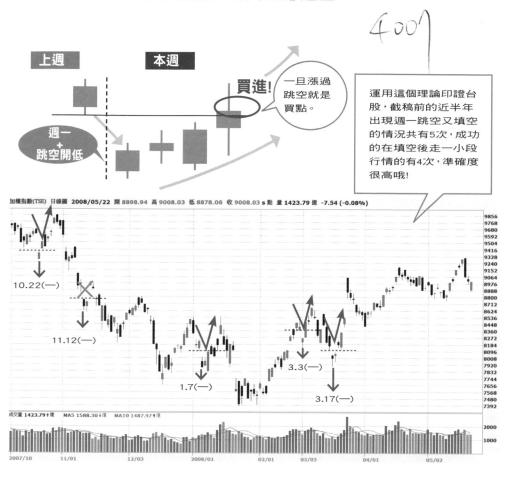

4001

一旦漲過跳空就是買點。

運用這個理論印證台股，截稿前的近半年出現週一跳空又填空的情況共有5次，成功的在填空後走一小段行情的有4次，準確度很高哦！

買進！

上週　　本週

週一＋跳空開低

加權指數(TSE) 日線圖 2008/05/22 開 8898.94 高 9008.03 低 8878.06 收 9008.03 s 點 量 1423.79 億 -7.54 (-0.08%)

10.22(一)
11.12(一)
1.7(一)
3.3(一)
3.17(一)

成交量 1423.79↑億　　MA5 1588.30↓億　　MA10 1487.97↑億

Key-Word

賴利・威廉斯

美國短期交易者，不僅在股票，在原油、小麥等期貨交易方面也很有名。

財報公布後的「交易安全日」!

前文曾提到,令投資人「驚奇」的消息影響股價甚鉅,而其中最受關注的就是公佈財報和業績修正。

財報公佈前買進股票要慎重!

如果是出現財報表現良好或業績預測向上修正這些「好消息」,股價可能會暴漲,但是如果是出乎意料的壞財報或業績預測向下修正等「壞消息」,股價暴跌的可能性變高。換句話說,業績公佈前是持有股票風險高的時期。

當然,如果對那家企業的情況很瞭解,確信「這次的財報會比市場預期好」的話,可以在財報公佈前先買進股票,這樣可能可以趕上股價暴漲。但是,一般投資人很難對業績預測那麼有自信。所以如果從短期買賣的角度來考慮,在財報公佈前買進股票或持有股票還是要謹慎。

雖然每個月10號前企業會公布月營收,可是萬一財報攤出來出現了巨大的營業外損失或預估獲利向下修正,都有可能會使行情暴跌。

所以,對短期投資人而言,在財報公佈前,不能忽視漂亮的題材之下隱藏著業績惡化的情況。

確認個股的財報公佈日吧!

在買進個股前,最好先確認財報公布日期。各大財經網站或證交所網站都可查詢。

一般説來,財報公佈後的2個月,出現業績「驚奇」的可能性低,所以突發性的股價變動風險會相對降低。在這段時間裏,利用第2天和第3天的股價圖尋找買進與賣出點就相對安全,因為不會一個很意外的業績報告,而打亂了既有的買賣布局,也可以説這段時間是比較適合交易的時期。

Q看財報和業績新聞要點為何?

A看業績方面的新聞主要是判斷「是否有驚奇」和「是好驚奇還是壞驚奇」。

比如,如果傳出了「業績成長」的消息,但卻是和市場預測的一樣,那就只是「驚奇故事」對行情可能沒影響。甚至,即使是業績成長,但是成長幅度不如市場預期,那反而是「壞消息」。

反之,即使是業績變壞,如果業績變壞的幅度比預測的小,反而是好的消息。

● 財報公佈前股價較易出現大波動！

財報公佈前的買賣要謹慎！

4008

月底前財報公佈！

| 2月 | 3月 | **4月** | 5月 | 6月 | 7月 | **8月** | 9月 | **10月** | 11月 | 12月 | 元月 |

財報公佈後1~2個月算是交易安全日！

財報發布

或

要是變成這樣就很恐怖了！

Key-Word

業績修正

投資機構、券商、媒體、研究員與公司本身都有可能針對企業發布當前的業績預估值，實際情況比預測的要好時就是向上修正，相反的就是向下修正。

Day5

經過四天的課之後，
今天就可以開始實踐
運用股價圖的知識了！
先介紹一星期就有結果的
「週交易」！

認識週交易！

買賣股票每個人都可以有自己的交易策略，有人認為買進基本面良好的股票長期持有才是王道；有人則偏好短線交易賺取低進高出的價差。在學了前面幾天的功課，今天要針對一週交易型的投資方式做說明。

在此，我們先假設你是週一到週五工作的上班族，那麼，該如何開始你的週交易？

週交易，重要的是交易計畫

「當沖交易(也就是一天中對同一檔股票既買又賣)時間上是不行的，但是很想做短期買賣，想在短時間之內就能得出結果！」許多上班族會有這樣的想法，而適合這樣的投資方式就是週交易。

週交易就是在週末研究並制定戰略計劃，在2天到1週的時間就完成交易。

對上班族而言「平日裏很忙，無暇顧及股票」是共同的心聲，但若是採用週交易的方式，應該做的事幾乎都在假日完成，對上班族是很適合的投資方法。

週交易的步驟很簡單，週末看股價圖，尋找出目前值得交易的標的。再利用手機、電話、網路下單，重點是要事先規畫好交易策略，因為有些交易軟體可以採取預約方式，所以一面上班一面下單的問題幾乎不存在。

突破→買，跌破→賣的逆思維

週交易策略中要注意的是什麼呢？

一般人買東西一定是便宜時買進、等貴的時候再賣出，可是，如果你採取週交易這種短線投資，必須考慮到，股價往往在越過轉折點之後才會出現買點，而能賺進價差的是在這個高價買點之後以更高價賣出；相對的，股價低過重要的轉折點之後常會又創新低價。所以，短期交易得對這種股價向上突破時→買、向下跌破時→賣的思維很熟練。

此外，基本面的知識雖然好像週交易用不上，但那是股票投資根本要道，像「PER」和「PBR」「ROE」、「財報」……都很重要，平日就要找時間把這些功夫學起。

Q不能中途更改買賣計劃嗎？

A除非出現意料之外的「好(壞)消息」，否則，已經制定好的交易計畫最好別臨時更改。

短線交易者最忌諱「再等等看會不會又回到買進價呢」、「不想損失，所以再降降停損點吧」如果是出於這樣的心理上壓力而更改計劃的話,可能會使情況變糟。所以儘量避免因看錯行情而更改計畫。

● 進行週交易，上班族需要如何準備?

500l

週六、日要做的事

選擇個股	→挑選出現了「有波動機會」的個股
定買賣計劃	→以什麼價格買進?
	→在那裡獲利了結?什麼位置?
	→在那裡停損?

下班後只要花十分鐘對所持股票管理

→看股價圖　　　　　→新資訊確認　　　　　→重擬作戰計畫

週一~五要做的事

看看股價波動情況，跟預想的一樣呢?還是比想像的波動慢?

查有沒有擾亂交易計劃的新聞。如果出現了意外的消息就修改策略。

買!?
○
○
賣!?

根據價格波動，擬定交易計畫。

次週六、日要做的事

想想是否要繼續抱著從週一到週五都沒能獲利了結(停損)的個股呢?再繼續尋找有交易價值的個股及計劃。

Key-Word

美股與台股

美國股市對台股的影響是不容分說的，台灣當天的漲跌幾乎與前一晚美股表現相對應。美國開盤比台灣早，它在台北時間晚上九點半開盤、凌晨四點收盤，所以，認真的投資人早晨出門上班之前一定要先看一下美股收盤狀況。

選擇交易標的

上市加上櫃股票有1千多檔，即使透過網路用篩選器，也不易一口氣對陌生的個股做研究。因此，平日就鎖定幾檔作為「我的股票」，觀察這些個股的價格波動。

擁有幾個自己擅長的個股

不同個股的股價波動有各自微妙的特性和特徵，如果仔細觀察的話就能看出來。投資人一旦抓住了這些個股的特徵，交易時就會出現像第六感的靈敏度，比如「現在雖然出現了信號但是這次最好不要買」或「抓住這次買進的機會吧」。如果能熟悉到憑直覺就可以判斷買賣，那麼，這個就是你擅長的股票，也就是這裡指的「我的股票」。

透過積累這些「我的股票」可增加交易勝算機率。

該選什麼做為「我的股票」呢？比如說自己喜歡的三C產品、自己工作的所屬產業、投顧老師推薦的個股甚至是新聞裏講到的個股都可以列入「我的股票」。不管你的選擇方式是如何，總之，要選擇容易出現買進信號的，也就是買賣機會多的，就更有機會賺到錢。

越是好公司，短期買賣也越容易

那麼容易出現買進信號的個股是什麼樣的個股呢？

右頁列出了5個選擇「我的股票」的方向。它以基本面為選擇標準，也就是企業的財務狀況與產業競爭力不錯，目前股價偏低有機會上漲的個股。

「又不是進行長期投資，為什麼要關注基本面呢？」也許你有這樣的懷疑。請別忘記，股價圖是會出現「假訊號」的。為了不陷入這種假訊號中，有必要確認基本面資料。

另一面來說，選擇「業績好又便宜」、「正展開快速發展的業務，今後業績可能會爆增」、「有才幹的經營者上臺，公司將走出低迷狀態」為標的。具備這些條件的個股很自然會迎來投資人的目光，只是時間的問題。如此，行情就有機會出現。

Q「我的股票」幾檔合適呢？
A先從10檔開始吧！
最好要做到對這10家企業其業績、歷史高低價、產業動態非常熟悉，久了之後，就能對新聞與盤勢掌握得很好。但這是未來目標，初學者要適當地更換這10檔個股，可以說這10家是平時最關注的個股「前10名」。但也要預備候補的個股群，汰弱換強納入到前10名的行列。

● 選擇「我的股票」5要點

	業績好+股價便宜！	尋找營收和盈餘穩步增長，從PER和PBR判斷屬於便宜的個股。
	今後業績將不斷上漲！	營收有成長，經營者有能力，新產品有被需求性，今後能大發展的話就是機會！
	走出低迷狀態！	有時也稱「轉機股」例如，企業成功大裁員，並因瘦身績效提升。如果經營重建值得期待也可以投資。
	現在流行的話題	目前市場上很有題材的個股，也可能上漲。
	不知不覺中喜歡上的個股	在選擇個股的階段，屬於自己感興趣的產業或個股很重要。如果不是自己感興趣的個股研究起來就會枯燥無味！

「我的股票」是指自己挑選準備在股市重點攻克的個股！也可說是自己的口袋股票，先鎖定幾檔自己挑中的再配合看股價圖就能掌握該個股特有的價格波動，增加獲利機會！

Key-Word

財務體質

從金錢方面來判斷公司體質。主要從貸款多不多這方面來判斷。（詳見「股票初見面 投資指標」一書。）

透過財報確定績效

營運績效是選股的重要考量，它透過產業和業績兩個方面來判斷。

買股票之前，首先要清楚這家企業是做什麼的？業績與成長性的判斷不能憑感覺，要由財務報表的數字來判斷。值得注意的是，不只財報表面上的數字要關注，隱藏在數字背後實際營運才是最重要。

也就是説，不是光看現在端得出來的數字有多麼漂亮，還要分析這樣的成長勢頭還會不會繼續。

比如，某企業是很被看好的明星企業，在所屬產業中，這家企業也有很強的競爭力，那麼，這家企業在公布出業績之後可以繼續保持成長速度的可能性比較高。相對的，如果同產業的另一家企業現在也端出亮麗的成績單，但在競爭力上並不如其他同質性的企業，投資人就要判斷，這一家企業是不是因為只是拜產業景氣好轉之賜而出現暫時的業績成長呢？事實上，未來可能不會再保有這麼好看的財報數字。

原則上雖然這樣子説，可是要判斷一家企業是否有產業競爭力，並不是一件容易的事。尤其上市上櫃企業的競爭實力不能只有在國內比，它必須在國際的排比上有相當的優勢才可以。而這有賴自己的深入研究，萬一，這個企業的經營模式難到令自己完全判斷不出來，最好不要投資。就像股神巴菲特所強調的，他絕對不投資自己看不懂的企業。股票有上千檔，投資人沒有必要去冒那種看不懂的風險

看懂財報，做對投資

確認公司情況後接著要看業績變化！業績包括營業收入、營業毛利，營業利益和本期淨利四項。營業收入，是提供商品或服務所得收入的總計；營業毛利是營業收入減掉營業成本，若是負數則為營業毛損；營業利益是營業毛利減營業費用，它顯示了本業的獲利能力狀況；本期淨利是過去一段營業活動中所產生所有損益的總合，企業最後的綜合成績單就看能否產生淨利（值得注意的是有些公司可能本業表現不佳但業外收入多，仍然可以產生淨利）。而受到投資人特別關注的每股盈餘，它的計算方式就是：本期淨利/公司發行流通在外的股數。

這當中「本期淨利」會由於暫時的原因而增減，所以從觀察業績走勢這個意義上來講，儘量看「營業毛利」或「營業利益」吧！也就是説，這兩個數字如果持續成長，就可以説是「好業績」。另外，前面也提過，要考慮這樣的好業績未來會不會持續下去。此外，則要由股東權益率判斷企業「有沒有過度貸款？財務體質健全嗎？」如果企業舉債過高，安全度就低了。（股東權益率因產業不同無法一體比較，但可以跟同業比。）

● 企業績效觀察要點

(圖表資料來源：YAM天空股市http://www.yam.com/)

ゔ००フ

要點	說明	資訊來源

1. 公司做什麼的？

不管公司從事的是哪個行業，都要瞭解該行業的現狀和發展前景，還有該企業在產業的地位，以及消費者眼裏的吸引人之處。

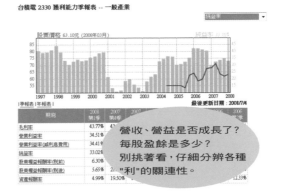

觀察企業要瞭解企業是如何獲利的，它的產品是什麼？

2. 業績是否良好？

業績影響股價甚鉅，趨勢的變化要比數字的大小來得重要。也就是成長與否是觀察重點。

營收、營益是否成長了？
每股盈餘是多少？
別挑著看，仔細分辨各種"利"的關連性。

3. 財務穩不穩？

有沒有過多的借款？
經營者有沒有善用股東的資本獲取利潤。

這些財務指標，要找時間把它讀透了，學會了就是自己的資產。

選股，要注意「便宜度」

與企業獲利相比，現在的股價算不算便宜呢？

由基本面來看業績良好又有成長性的「優良個股」，如果股價已經很貴了，被視為投資標的的吸引力就下降了。

用「PER」檢查便宜度

股票投資和購物一樣，物美價廉才能吸引到買家。所以，要學習判斷「便宜度」的方法。

判斷股票便宜度的主要工具有本益比（PER）和股價淨值比(PBR)兩種。

PER(Price/Earnings Ratio)，是指從公司的業績（利潤）來測算便宜度的指標。計算公式是「股價÷每股盈餘」，是計算股價相對於每股盈餘的倍數。

每股盈餘－－當期利潤分配成每股股票的利潤。假定每股盈餘是10元、股價是100元的話，PER就是10倍；若每股盈餘是5元、股價是100元的話，PER就是20倍。

由PER判斷股價是貴還是便宜，還必須結合它的成長性一起考慮。所以同樣的PER，買成長性高的股票更合算；成長性一樣的股票，買PER低的比較合算。

一般認為PER在15左右是正常水準，不過，跟區域性和所屬產業不同，PER的對應比較值相差很多。

比方說，甲公司業績平平，PER是10倍左右，可以認為它是便宜的(跟一般水準15倍相比的話)；乙公司事業發展迅速成長性很高，PER20倍也可判斷它是便宜的(與同業平均PER30倍相比的話)依此類推。

雖說「如果成長性高的產業，相對的PER也會高」，但是，如果PER超過100倍的高水準，就很難說它是不是便宜，或者說它是危險區域更為恰當。

另外，用PER算出來的股價便宜度並非愈便宜愈好，市場上有「愈貴的股票愈有人氣」的傾向，而很貴的股價如果變便宜了反而沒有買進的價值了!!這是因為投資人把成長率也一併考慮的緣故（見「股票初見面　投資指標」）。

Q&A

○PER與成長率的關係是什麼？

Ⓐ瞭解PER和成長率的關係可以看「PEG比率」。它是用「PER÷成長率」這個公式算出來的。例如，PER是10倍，成長率為10%的情況下，PEG比率=10÷10=1倍。

PEG比率，1～2倍左右是標準的水準，1倍以下就是便宜，2倍以上則就是昂貴了。

也就是說，現在的成長速度是20%、且今後仍將保持這種水準的公司，PER在20倍以下是便宜，40倍以上就算是昂貴。

成長率可預期的個股，PEG比率成為有效的判斷標準，可用於發現成長股。

● 使用PER尋找「便宜的股票」！

5004

 這樣考慮！ **1**

公司不錯，
PER卻只有10倍。

企業會賺錢獲利好，而且
股價低=PER低

這樣考慮！ **2**

從公司的實力來看，
應該能夠獲得投資人更好
的評價。

過不了多久，投資人應該會
發現該公司的優勢，紛紛
買它的股票！股價應該會
進一步上漲！

這樣考慮！ **3**

好，
趁現在便宜趕快買進！

如果有人氣，PER就會變成
20倍、30倍！現在只有10
倍，正是買進的機會！

$$PER=\frac{股價}{每股盈餘}$$

也就是EPS。

| 便宜 | 10倍 | 15倍 | | 100倍 | 昂貴 |

標準

如果業績和
公司情況不算
極差，這個水
準就是便宜。

如果成長性高（利潤以2～3
成的速度增長之類），也算
便宜。

成長性越高，
PER也越高…
但太高了就有危險！

Key-Word

便宜？昂貴？

與該股票本身的價值相比，
股價過高的情況就叫做昂貴，過
低的情況就叫做便宜。

僅透過「與該股票本身的價
值相比」，還是很難判斷股票價
格的高低，還要結合PER、成長性
以及PBR等指標來判斷。例如，某
企業成長性比同業好，且PER低於
同業，就可以認為是便宜。

每股盈餘

這裡指一年的獲利除以流通
在外發行股數，也就是常聽到的
EPS(Earnings Per Share)。是計算
PER時的重要數值。

用PBR排除對行情下跌的擔心

P BR(Price-Book Ratio)是從公司資產角度來看股價的便宜度。計算公式是「股價÷每股淨值」。單位是倍。

PBR1倍是行情下跌重要支撐價

先說明一下股東權益。

所謂股東權益，就是公司資產減去負債後剩下的部分。也就是企業償還負債之後剩餘的「純資產」。再把這種純資產分割成每一股，就叫做「每股淨值」。

每股淨值是公司解散之時還給股東的資產價值。因此，每股淨值也叫做「解散價值」或「清算價值」。

假定每股淨值是100，股價若是100元，PBR就是1倍；股價若是200元，PBR就是2倍；股價若是80元，PBR就是0.8倍。按常識判斷，股價如果比每股淨值更便宜，此時持有股票就很划算。因此，換句話說如果PBR在1倍以下，股價就算便宜。但是，業績前景很差的公司和赤字不斷的公司則不適於這個論調。為什麼呢？

當企業營運很差的情況下，那些好不容易才得到的資產也有可能被赤字慢慢消耗。相對的，如果是優績股，因為某種因素而使股價暴跌，若股價已經跌到PBR1倍甚至以下，就能視為反彈的轉振點了。又如果業績和公司情況都平平、但公司基礎很穩固，即使由於暫時的業績下滑引起股價暴跌，股價遲早也

會恢復的，此時，PBR1倍就成了強有力的股價支撐價位。這些個股暴跌後，股價在接近PBR1倍時是重要支撐。很多情況下，PBR1倍是跌價限度，股價很可能在此反彈。

另外，有的公司業績並不算很差，但因為產業前景不怎麼被看好，所以人氣很差，這種夕陽型的產業，也有可能股價長期在淨值以下。如果是這樣的話，就要看何時輪到該產業因某項因素而突然翻身了，就像國內許多股價已經長期在PBR1以下的資產股，當新台幣強力升值的時候，低迷的股價突然狂漲。

❓PBR高=風險高？

🅰文章中提過，在公司營運還可以的情況下，可以認為PBR1倍以下就是便宜。

但是，另一方面，並不能單單以PBR做出股票貴或便宜的判斷。

PBR不像PER有個「15倍」這樣概略性的標準，只能說「PBR1倍的水準就是有力的下跌限度」，至於 PBR應該是多少才合理? 則要視情況而定。

● PBR是目前股價和每股淨值的比

每股淨值=公司解散後，能還分給股東多少錢

> 公司是股東的！所以，一旦公司解散，公司的資產就要由股東瓜分！

$$PBR = \frac{股價}{每股淨值}$$

現在股價＝每股淨值
(PBR=1)

> 一般情況

現在股價＞每股淨值
(PBR=1.5、2、3…)

現在股價＜每股淨值
(PBR=0.8、0.7…)

> 算便宜

「每股淨值=企業解散後每股股東可以拿回來的錢。」理論上是如此，但實質上並不孚合現實狀況。
例如，企業的資產變現真有如財報上所估算的那麼多的價值嗎？
比方說土地與應收帳款也許不值那麼多錢，說不定應收帳款大部份是呆帳，而土地也大都是貶值的。那麼，真正把錢放回股東口袋的，其實並沒有那麼多。

K**ey-W**ord

跌價限度

可以判斷「不再繼續下跌了」的限度。或者，可判斷「下跌趨勢會在這裏停止，並且股價會反彈」。

巧用「股票篩選器」!

前 文講述選股指標,前幾天也說明了股價圖,在實務上如何把這些條件納入「我的股票」呢?

為了有效找到符合自己要求的個股,可以利用網路上的選股功能,輸入設定的相關條件,快速簡單的幫投資人篩選個股。

舉例來說,如果想找成長性高的股票,可以設定條件為「營收成長率在120%以上、營益率在150%以上、PER在25倍以下」為條件。設定成長率提高,PER也需要提高;如果想找股價超跌,就可以設定PBR1倍以下為主要條件,另外再加設PER低、業績有成長的條件;如果想要找高配發紅利的股票,一面要考慮分紅利率,一面要考慮獲利方面的條件。

依此類推。

輸入條件,自動篩選個股

	營收增加了嗎?	利潤成長了嗎?	股價便宜嗎?	
要業績好 + 股價便宜	營收成長率在**105%**以上	獲利成長率在**120%**以上	PER在**5~15**倍	

	與資產比便宜度	股價便宜嗎?	營收減少了嗎?	利潤增加了嗎?
廉價股 + 目前有獲利 + 未來有想像	PBR是**0.5~1**倍	PER是**5~15**倍	營收成長率在**100%**以上	營益率在**110%**以上

	配發紅利?	股價是否便宜?	營收減少了嗎?	利潤成長了嗎?
期待有高配息	分紅利率在**2%**以上	PER是**5~20**倍	營收成長率在**100%**以上	營益率在**105%**以上

也可以從股價圖的條件來尋找!

	均線的買進標誌	出現上漲走勢!
找有上漲標誌的個股	**黃金交叉**	移動平均線出現**上漲**標誌

篩選時,設定的條件越多條件越苛刻,挑選出來的個股也越少。一般篩選條件是3~4個,篩選出30~40檔個股。再從中調整,比如,將某項條件規定得更嚴格,而適當放寬另一些條件,然後再進行篩選。

	人氣有沒有?
找「供需良好」的個股	融資餘額**增加**

注:成長率105%的意思是比前年增加了5%。

● 使用篩選器，尋找有機會上漲的股票

（圖表資料來源MoneyDJ理財網http://www.moneydj.com）

第一種：自己設定篩選條件。

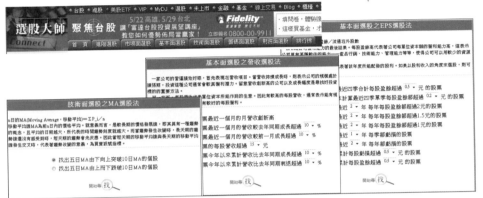

第二種：利用網站提供已設定好的程式。

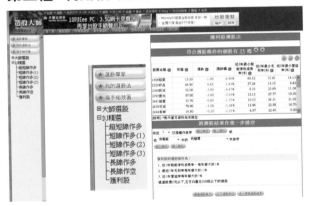

第三種：網友們無私的分享。

NO.	獨門秘技	選股法特性描述	提供高手	公佈日
1	一路飆到掛	強勢順勢操作	3mhouse	97/07/10
2	瑪莉B	飆到讓你意外	3mhouse	97/05/21
3	小美-cci	ereerwr	dja75385	97/05/16
4	小美	3424242	dja75385	97/05/16
5	投信鎖1	352	dja75334	97/05/09
6	投信買日鎖碼	買超大於股本1%	dja75334	97/05/09
7	成長強勢	1.3週RS rank 大於50	jacob1168	97/04/29
8	小兒美	15億以下	dja75242	97/04/22
9	崩盤?	洗盤? 反轉?	dja75211	97/04/21
10	MITA-01	投機型	dja75198	97/04/18

下一頁　最後一頁　輸入頁次: 1　▼　頁次:1/17

設定自己的看盤室

選好目標股票，總不能每次一開盤就一檔一檔的找吧!只要利用券商的看盤機制，就能把自己關心的股票設定好並建立獨有的看盤環境，方便觀察價格變動。

自己獨有的看盤版面

以台証證券的開戶投資人為例，券商提供投資人使用台証大三元看盤軟體，可以設定自選股看盤，而且還可以自己分類，例如，右圖的範例就分了「好業績」、「低PER」、「高成長」、「低PBR個股」、「復活股」……等等，這樣就很方便，因為是自己看的盤，標示只要自己知道就可以。

設定好自己的看盤室，平日就像在證券公司看盤一樣，行情是隨著交易所即時跳動的，投資人只要瀏覽一下畫面，就可以看出哪些是正在上漲的個股、哪些是變動緩慢的個股、哪些是異乎尋常變動的個股。如果你發現了值得操作的個股，點選該個股，就可以查看個股即時新聞、業績、K線、最佳五檔等等。

和使用一般網路看盤不同，使用自己開戶券商所提供的軟體可以直接下單，不管是要設定預約、刪單、改量等等，都比在號子裡簡便、即時而且手續費還更便宜。對短線操作者尤其方便。

至於新聞，除了國內即時新聞跑馬之外，亞、歐、美三大洲的盤勢都可以在這裡看得到；技術分析的工具也可以自己選擇，常見的分析指標大部份都可以在證券商的軟體找得到。也大部份可以自己設定參數。所以，不管你是不是新開戶的投資人，應該都要熟悉券商免費提供的看盤軟體。它會是掌握行情、執行交易策略的好幫手。

Q&A

Q 券商的軟體有好壞之分嗎？

A 券商所提供的免費軟體，以基本功能而言每一家都差不多，但操作界面的設計就相差很多。有些軟體可以自己移動版面，有些還可以自己設定K線的顏色，有些附有股票篩選器，有些技術分析設定同一頁面允許很多技術指標，有些則限制只能5種指標……。

就經驗而言，這些軟體的使用"習慣"比較重要，好壞則見仁見智。

● 設計自己看盤室(範例)

(圖表資料來源:台証大三元看盤軟體)

5007

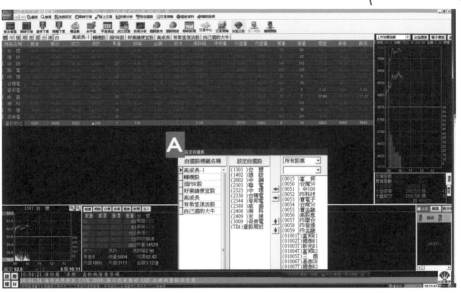

B

C

D

E

F

Ａ自己可以把選好
的股票分類並標示
名稱,方便看盤。

Ｂ個股即時新聞,可
以在盤中比對行情
變化的原因。

Ｃ發現可交易的行
情了,立刻就能調
出K線圖看行情。

Ｄ看到機會了,買、
賣、預定、回報成交
都很即時。

Ｅ國際盤的即時行
情。

Ｆ技術線圖有很多
可選擇。

預測價格變動！

週 交易中最關鍵的部分是擬定買賣計劃。要擬定買賣計劃，首先要預測今後價格變動的情況。

例如，你可以這樣做具體的預測——

「這檔股票雖然現在在跌，但是到了100時就會回升而且會上漲到110元」；

「這檔股票，不久就會出現買進的信號而且會回升；但一出現賣出信號，就會立刻下跌」……等。

何時買進?停利點與停損點

投資人一面看著個股行情跳動，也要一邊參考在第2天和第3天學到的圖表類型，預測未來價格的變動。透過反復地做這些工作，對行情就逐漸有預測變動的能力。一旦預測了價格變動的趨勢，就要以此為基礎擬定買賣計劃。也就是說，要制定買點、停利點、停損點的規則。

先來說買點。

原則上，投資人要先熟悉第2天和第3天的課程中介紹的買進信號再做決定。但是，不管你對行情變化多麼的有自信都要同時考慮兩種立場——一種是自己預測正確；一種是自己預測失誤。例如「如果出現這種信號，可能會反彈；若沒有反彈股價跌到XX元就認賠。

判斷完走勢後，就要開始安排資金「等到價格下跌後再買進」或者「出現買進信號時用1/2的資金買，價格繼續下跌的話，再用剩下的1/2買。」……

停利點，建議參考前面「轉折點」的方式，也就是當股價跌破重要關鍵價格，感覺走勢已經崩潰時就賣出、技術指標出現賣出信號、或者價格已經達到之前的最高價都可以是停利點。

以上，就是本文所指的「交易計畫」。

股票像經商，存貨管理很重要

買賣計劃，最重要的是停損。在操作不利時，如果不能很好地處理，就會積存大量套牢股票，導致自己無法抽身。

買賣股票要像經營企業那樣的思考，試想，那些能穩定地創造利潤的商人，無一例外都是制定了出清存貨規則，並嚴格執行的人。

在制定損失規則時，有以下2項重點：1.如果股價的變動與當初設想的不同，停損；2.停損在自己能接受的範圍內。

此外，如果出現預料之外的事件如業績向下修正這種不利消息，說明自己的計劃失敗了，就要立刻停損。如果這時還有人覺得：「既然這個計劃失敗了，那就等等吧!」情緒性的改變自己的原計劃，那是非常危險的。

● 這樣制定買賣計劃！

◆看股價圖型態和技術指標的買進信號。
◆搭配個股的基本面並查看新聞，擬定漲、跌交易計畫！
◆信號出現了，發出買進委託！

◆由股價圖上確認「行情轉折點」在那裡？
◆股市反覆波動的差價也是目標！
◆隨著股價的上升，選定停利方式。

◆股價圖的線型崩潰就撤退！
◆自己制定損失不超過XX元
◆技術指標中出現警戒信號！
◆業績向下修正或大環境不利的意外發生！

以下介紹兩種有計畫的停利停損方式

第一種是移動停損。顧名思義，就是停損的價格不固定，當股價變動價格對你有利，停損設定就朝這個方向不斷的變動。比方說，你50元買友達，移動停損設定為2元，在交易的那一刻，你的停損價是48元。當友達價位變為51元，移動停損仍是2元，但停損價就變成49元，依此類推。

第二種是浮動式。
你可以把它想像股價是X軸、時間是Y軸，在股價上漲的過程中，一般的情況是漲得愈久、跌的機率就愈大，所以，股價漲離成本區愈遠（假設漲勢未停）下跌的機會就愈大，所以，停利的方法是隨著股價的上漲而變少。

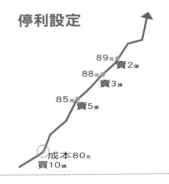

停利設定

89元 賣2張
88元 賣3張
85元 賣5張
成本80元
買10張

第5天——實戰策略

適合上班族的多條件下單

「　股價在這個轉折點向上突破就
買進，跌到ＸＸ元就賣出。」

一旦訂好了這樣的計畫，如果白天
要上班，該怎麼辦呢？因為證券交易所
提供的下單方式只有限價單、漲停、跌
停與信用交易而已！如果你要執行上述
的反向限價的交易是無法在一般證券商
作預約委託的。不過，那是過去啦！現
在國內有一些證券商已經開始接受多條
件下單(也有人稱智慧下單)了。

市價、限價與觸價

初次學習股票的人可能不太熟悉下
單實務，現在就先來了解一下－－

如果你想買賣股票的話，一般有兩
種下單委託方式，一種是市價，一種是
限價。市價的話很容易理解，簡單講就
是現在你送出委託單之後，買的時候電
腦會幫你以「跌停價買進」，賣的時候
電腦會幫你以「漲停價賣出」為你下的
單子撮和。而限價，就是你自己限定價
格，例如，你想以80元買進台塑。如
此，最後成交的價格永遠會小於或等於
80元，也許是80元、79.5元……。相反
的，如果你掛限價80元要賣台塑，最後
成交也會大於或等於80元。

經過上面的陳述，就可以推論出，
假設你的交易計畫是「如果台塑跌到80
以下就賣出」那麼，採用證券交易所的
交易機制將會如何呢？

顯然，你在發出這個指令的同時市
場的價格一定是在你這個價格的反向，
也就是說，當時的台塑價格應該在83、
84元……反正一定是高於80元。如果你
發出這樣的委託，市場馬上就會成交你
的指令，因為你想賣的價格比當時的市
價低。想要執行「價格突破到83元就買
進」的情況也一樣。

為了解決這個問題，除非你自己不
離開盤面一直守候著，看到價位立刻
出手，否則就可以改採下「觸價單」
(Market-if-touched order； MIT)，從
英文字面解釋就是：沒有touch就沒有
Market，相對的只要一touch就Market。
如：現在台塑市價83元，你預約條件為
80元要買進，在股價沒有碰觸到80元之
前委託單都不執行任何命令，一旦出現
80的價位，系統就會自動以市價賣出，
而此時成交的價位有可能比80元好也有
可能比較差。買、賣單的道理相同。這種
倒過來限定價格的方式就叫「倒限價」。

觸價只是這種智慧下單功能之一，
以國內日盛證券所提供的「智慧單」為
例，它還有觸量(當成交量大於或小於
或等於多少就下單)、分時分量(可設定
日期時間到就下單)以及把以上三種：
成交價、成交量、時間三條件組合在一
起的多條件下單。這種下單方式一方面
適合無法盯盤的上班族，即使出國出差
也可以買賣股價；另一方面(我認為也
是最重要的)透過這種機械性的操作，
可以避免人性的恐懼與貪婪，很多時
候，離市場遠一點是最明智的選擇。

● 這就是倒限價！

500~9

先認識最佳五檔

賣量	價格	買量
10	104	
30	103	
50	102	
20	101	
	100	
	99	30
	98	60
	97	20
	96	20
	95	10

賣出
以這個價格委託要賣出的單量。本例，104元掛有10張單要賣出。

市價
現在的成交價

買進
以這個價格委託要買進的單量。本例，在98元，有60張單委託買進。

> 最佳五檔詳細可以參考「股票初見面──看盤選股」有很詳細的介紹。

第5天──實戰策略

賣出的情況

倒限價

賣量	價格	買量
10	104	
30	103	
50	102	
20	101	
	100	
	99	30
	98	60
	97	20
	96	20
	95	10

掛96元觸價賣，會等股價碰觸到96元才執行交易。

一般委託

賣量	價格	買量
10	104	
30	103	
50	102	
20	101	
	100	
	99	30
	98	60
	97	20
	96	20
	95	10

掛96元限價賣出的話可能會成交在99元。

買進的情況

倒限價

賣量	價格	買量
10	104	
30	103	
50	102	
20	101	
	100	
	99	30
	98	60
	97	20
	96	20
	95	10

掛103元觸價買，會等股價碰觸到103元才執行交易。

一般委託

賣量	價格	買量
10	104	
30	103	
50	102	
20	101	
	100	
	99	30
	98	60
	97	20
	96	20
	95	10

掛103元限價買進的話可能會成交在101元。

倒限價好處：參加正在上漲的個股，從下跌的個股當中抽身

一般的限價委託會像「60元以上賣出，58以下買進」，而倒限價委託就像「跌到58元賣出，漲到60元買進」，這樣「高買低賣」可以讓投資人不必緊盯著價格變動，也能夠參加正在上漲的個股（買），而從下跌的個股當中抽身（賣）。

倒限價交易範例

投　資人利用網路下單自動執行倒限價，先決條件是，所開戶的證券公司必須具備有這樣的下單功能。本文以日盛證券的觸價下單(也就是倒限價)為例做說明。

觸價畫面如下。

要進行限價，首先要輸入條件打上個股股號，在成交價的「比較條件」點選「大於等於」或「小於等於」之一，並輸入你的預定價位。就能執行自動交易了。觸量、分時分價的下單方式與觸價方式相同。

5010-1

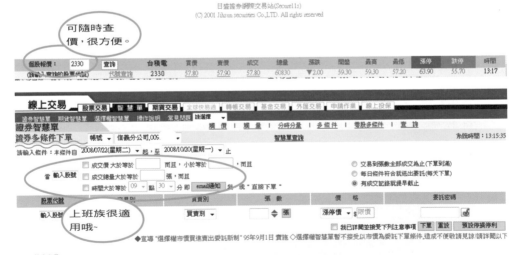

注意事項：
1. 現貨委託：營業日當日上午8:30-13:25接受當日委託訂閱，若要預約下單，請用多條件單預約。零股委託：全日接受訂閱。
2. 委託單若條件滿足送出交易所後，即視執行完畢，無論有無成交，皆不會再送出；若在長效單期限內，一日至多只會被觸發一次，直到有成交或期限到期為止。
3. 條件之設定與觸發，因網路品質無法預估，故無法保證智慧下單絕無風險，請投資人在設定前仔細評估可承擔之風險程度

日盛證券網際交易站(Secure11s)
(C) 2001 Jihsun securities Co.,LTD. All rights reserved

可隨時查
價，很方便。

上班族很適
用哦~

注意事項：
1. 現貨委託：營業日當日上午8:30-13:25接受當日委託訂閱，若要預約下單，請用多條件單預約。零股委託：全日接受訂閱。
2. 委託單若條件滿足送出交易所後，即視執行完畢，無論有無成交，皆不會再送出；若在長效單期限內，一日至多只會被觸發一次，直到有成交或期限到期為止。
3. 條件之設定與觸發，因網路品質無法預估，故無法保證智慧下單絕無風險，請投資人在設定前仔細評估可承擔之風險程度

● 倒限價的三種基本用途

501-2

1・用於停損

覺得好像行情會一直跌下去的時候，還是設個停損點吧…

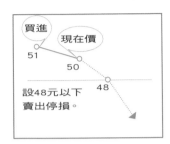

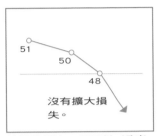

結果跌得比48元更低。這麼做把損失控制3元的範圍內。

2・用於停利

股價正在上漲。雖然希望它再漲，但是萬一跌了的話，好不容易才獲得的帳面獲利也馬上會減少，那樣就糟了…

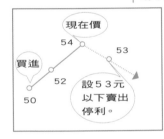

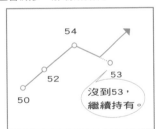

有的股票可能會從上漲突然轉入下跌。為了以防萬一，要在能保證一定收益的價位，設定倒限價。

3・用於上下設定

上漲的話停利，下跌的話停損，簡單不囉嗦……

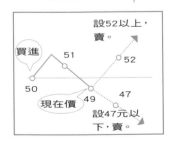

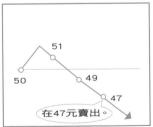

股價大幅度下跌，在47元設定停損，把損失控制在3元的範圍內。

每晚10分鐘"維護"股票

在　週交易當中，週末制定買賣計劃後，接下來，就要靈活地使用下單技巧(如：倒限價、預約買賣)執行交易計劃。在平時的晚上，則要抽出「維護時間」，通常只需10分鐘就OK。

異常變化是特別要注意的

　　每天的維護工作最重要的是股價圖和新聞。藉此評估該檔股票是像上週末設想的那樣變動呢?還是出現了意外（意外的程度，甚至會使你改變對該股票的看法）。

　　如果持有個股出現了意外的新聞，就應當從根本上改變你對行情的預測，並對計劃重新加以研究。如果出現意外像是財測超乎預期、股價走勢也比預期強的話，就可以提高停利點。

　　反過來說，如果出現像是財測低於預期這種不利的消息，一般來說，就應當立刻站在賣方。計劃一旦失敗的話就出清持股，是股票交易的基本原則，也是想穩定持續獲得利潤的基本要求。

　　另外，投資人也要觀察，不利的消息現在還出現在新聞上面，是才出現的「新」聞?還是行情已經反應過了的「舊」聞。有時，出現了利空消息，但股價如如不動，這時，反而要積極持有，顯然，這已經是「利空出盡」跌到底的訊號。

　　而另一個一定要天天看股票行情的理由是，如果你使用技術指標買賣，這些訊號是隨著行情每天改變的，不每天看圖是無法判斷該買?還是賣?

Q 有方法可避免"意外"嗎?

A 意外不管怎麼說都是意料之外，所以基本上是很難避免的。

但是，平日就要對影響股價相關經濟脈動的議題加以掌握，若不是很熟悉利率啦、全球經濟金融的相互關係，建議可以買恆兆出版的「選對基金」，內容是由全球角度看投資，很適合初學者。

此外，前文提過，在財報公布前持有股票要比較小心，因為若是財報表現不如預期就會產生很大的波動。此外，出現股價暴漲（暴跌）成交量驟增等奇怪的動向，而以你的理解又找不出理由時，就要保守以對。

以上都要透過設停損點(若尚有轉寰機會的話)或直接賣出以規避風險。

● 管理股票每天維護的要點

50ll-1

①看股價圖
每天都要看股價圖。在買賣信號中使用技術指標也要查看每天指標的變化。

②看相關新聞
在奇摩股市每一個檔都有分類的新聞。要特別留意財測修正或令人感到意外的題材。並考慮用「倒限價」交易。

③調整策略
買進的股票順利上漲時，停利也要逐漸提高，以增加利潤。

④重新評估是否「繼續」投資
股價圖中出現強烈上漲信號雖然原先是設定「週交易」……在這種情況下，要考慮下週繼續投資。
但是，如果現在帳面出現損失，卻自我安慰「接下來有1週的時間，股價應該會回升」，就不適當了。如果自信能上漲，那就先停損再買。

 明天如果繼續上漲利潤就能增加了，即使明天股價回檔若已做了停損停利限價也能鎖住利潤。

 如果前一夜已設停損，可以控制風險。

50ll-2

☆停損停利每天修正 (以固定按前一天最高價的3%為停損價的範例)

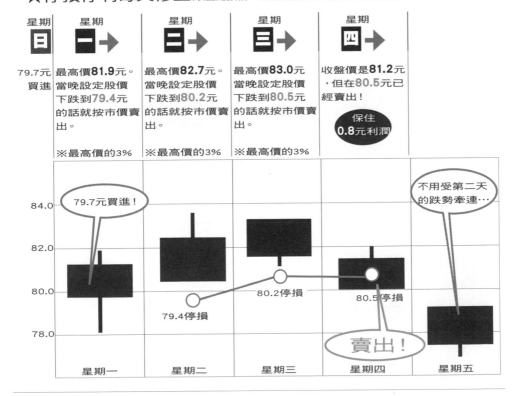

星期日	星期一 →	星期二 →	星期三 →	星期四 →
79.7元 買進	最高價81.9元。當晚設定股價下跌到79.4元的話就按市價賣出。 ※最高價的3%	最高價82.7元。當晚設定股價下跌到80.2元的話就按市價賣出。 ※最高價的3%	最高價83.0元當晚設定股價下跌到80.5元的話就按市價賣出。 ※最高價的3%	收盤價是81.2元，但在80.5已經賣出！ 保住 0.8元利潤

不用受第二天的跌勢牽連…

79.7元買進！

80.2停損

80.5停損

79.4停損

賣出！

84.0
82.0
80.0
78.0

星期一　星期二　星期三　星期四　星期五

只在上漲率高的時期拼勝負！

目前為止，我們討論了個股買賣時機。但是，如果僅僅關注個別股票而不注意整個股市的話，有可能落入「見樹不見林」的偏見。

行情較差時，暫停交易

這是因為，整個股市情況都好的話，個別股票也比較容易上漲，買進信號命中的機率也容易提高。股市整體的狀態很差的話，也許在平常情況下很明確的買進信號反而成為「陷阱」。因為如果整體的供需狀況很糟糕的話，投資人買股票的熱情就會冷卻，並會賣出他們持有的股票。

因此，整體股市和個股之間關係是很密切的。投資人對於現階段能否賺到錢，第一要務就得先從股市整體的狀況來考慮，如果能做到，在不易賺錢的空頭行情時期完全不交易股票，甚至可以空手等上好幾個月，那麼，交易的功夫就算是很厲害了。

瞭解股市狀態的5個觀察重點

要從那些角度評估股市的整體趨勢呢?我們把它總結為5個大方向。

1.觀察「股市題材」(比如：業績、美股動向……)的相關新聞在市場上引起的反應如何。

在股票圈，比起新聞內容本身，更重要的是股價對該新聞的反應。這一點投資人得慢慢的用心體會。

股市熱絡且人氣旺容易賺錢時期，股價對於利多消息反應很快速，此時對不利的消息則反應很冷淡；相反的，如果股市處在大家都悲觀的不易賺錢時期，股價對利空消息的反應會十分敏感，而對利多消息沒有什麼反應。

2.股市有所謂的領導股。領導股有很好的上升勢頭的話其他的相關個股也容易賺到錢；如果領導股暴跌了，整體股市就會出現崩潰的信號，其他的個股也就很難賺到錢了。

3.重要移動平均線表示的是股市大致的走勢，根據它的方向，就能瞭解股市的走勢。重要均線上升的時候就表示容易賺錢，下降的時候就表示不容易賺錢。

4.技術指標。前文提到過的如KD、MACD、成交量均是很重要的指標。

5.看籌碼的情況。如三大法人、融資、融券的情況。

抓住上面5點，對整體股市的情況就有分析的依據。不過，要準確的掌握大盤趨勢並不是件容易的事，可以當成買賣的參考，但仍不可過度自信，認為自己看的一定不會錯，不管長線還是短線，還是應該控制風險做好停利停損的功夫。

● 選擇容易獲利的時間進場!

行情整體上漲期，尋找有可能會更上漲的個股……

行情整體下跌期，還企圖尋找可能會上漲的個股……

買股票有時，不買股票也有時。

○ ╎ ✕

第 5 天 — 實戰策略

參考指標	容易賺錢的時期	不容易賺錢的時期
對業績新聞的反應 可以透過它來瞭解股市總行情	對業績惡化的消息沒反應，而對業績良好的消息則立刻做出反應。	即使業績良好股價也下跌，對業績惡化的消息很敏感且馬上下跌反應。
領導股的動向 發揮先行指標的作用	領導角色的個股開始強勁地上漲。	領導個股先行崩潰。
重要移動平均線 顯示大的走勢	處於低價圈，下跌的股價變得平穩並開始上漲。	處於高價圈，上漲的股價變得平穩並開始下跌。
技術指標 測量市場冷熱程度	出現買進訊號。	出現賣出訊號。
籌碼情況 是誰持有股票多?外資?國內法人?還是散戶?	股價低檔，融資由底緩步上升。 外資加碼。	外資、土資一起賣。 融資過高，隨時有拉回危險。

加權指數(TSE) 日線圖 2008/07/22 開 7029.84 高 7098.68 低 6998.13 收 7065.65 s 點 量 888.02 億 -20.02 (-0.28%)
SMA5 6950.36↑ SMA10 7001.17↓ SMA20 7226.41↓ SMA60 8174.92↓

技術線圖可協助確認大盤走勢。

在高檔大盤融資餘額愈高，代表浮額多，隨時有拉回的危險。

股價跌落低檔，融資緩步回升，為止跌訊號。

成交量 888.02↓億 MA5 1029.49↓億 MA10 1044.01↓億

DIF12-26 -307.32↑ MACD9 -335.64↑ OSC 28.32↑

K9 45.49↑% D9 32.01↑%

融資 N/A 差額 N/A

2006/12 02/01 04/02 05/02 06/01 07/02 08/01 09/03 11/01 12/03 2008/01 03/03 04/01 05/02 06/02

9765
9486
9207
8928
8649
8370
8091
7812
7533
7254
6975

3000
2000
1000

200
0
-200

80
50
20

4000
3500
3000

Day6

拜網路之賜，
主婦、學生、退休族、宅男宅女
加入股票當沖交易的有不少。
低風險賺小錢，
每天勤奮地積累利潤是它的特色。

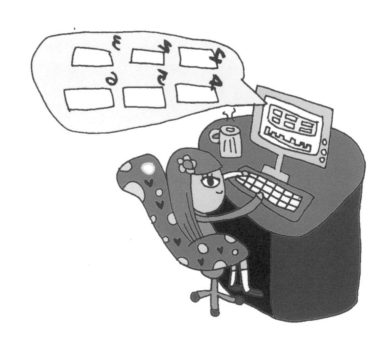

掌握成本，一點一點累積利潤！

所謂當沖交易，就是對同一檔股票買進賣出在一天內完成的超短期買賣。完成這種交易幾乎用不到深奧的經濟理論、財務分析，而是一天內就得出結果，簡單來說，就是依照盤面走勢判斷，目標是一買一賣賺到差價。

拜網路之賜股票買賣手續費降低了，加上網路證券提供的資訊工具很先進，所以即使是個人，也能在準專業的環境下進行當沖活動。雖然投資專家給當沖很多負面的評價，像是只賺小利、賭博、投機主義……甚至舉出很多統計數據佐證當沖賺不到錢，但擁護當沖的聲音也不少，最常聽到的是「今日事今日畢」，不會一早起床突然聽到像是911恐怖攻擊的壞消息一樣，股票想賣都賣不掉！

一位長年在股市玩當沖的投資人講得更傳神，他說：「我只相信我所看見的，我不相信我所想像的。」當沖！就這麼一回事，不預估企業未來能賺多少錢？股價會漲到什麼好價錢，只相信眼前行情板上所告訴你的。

痛快的停損，勤奮的積累利潤

就風險性，當沖交易稱得上是風險較低的一種方法(以單筆交易而論)。買進的股票因為一天就賣出了，所以即使看錯行情，股價下跌的幅度也較小。

在股票買賣的過程當中，最可怕的事情就是在持有股票的期間出現了不利的因素，導致股價暴跌。所謂不利因素，一般都會在非股票交易時間公布。當沖交易因為會在交易時間結束之前處理掉買賣，因此，較少受到這一類因素影響。

但是，當沖投資人也不是沒有敵人，它最大的敵人就是自己，「本來打算做當沖，但不願意就這麼停損了，再等等明天」……投資人一旦有了這樣的心態就容易陷入「投機主義」使損失進一步擴大！所以，與週交易一樣，隨意變更買賣計劃是很大的忌諱。

此外，當沖交易也會遇上在交易時間裏，出現不利因素而引起股價暴跌，或者是有些本應當在交易時間結束後才公佈的不利因素，被提前曝光了而讓交易者亂了陣腳。但是，這些風險可透過及時查看新聞快報避開。而且，如果有不利因素在交易時間內公布，當沖者因為一直在盯盤，有經驗的人都知道應當馬上拋售，從這個角度看，當沖交易可稱得上是終級的風險管理型交易。

因為是累積小額利潤的交易方式，所以交易成本相當重要，用一個比較簡便的計算方式，每一筆當沖交易，成本是買入股票價格的1.007倍。靠著勤奮的看線圖、找標的、盯盤，以一點一點不斷增加獲利的方式買賣股票，當然也不只有勤奮就一定能賺到錢，好的EQ、守規律、膽大心細、對新聞的敏感度與靈感，都是獲利的因素。

● 一次當沖的成本

▼以操作某甲企業一次當沖，買50元，賣53元，交易5張為例

1、資沖
融資買進5張

成交金額是：
50元×5000股=250,000

買進的手續費：
50元×5000股×0.001425=356.25

資沖(證券商向你收的錢)
=250,000+356.25=250,356元

2、券沖
融券賣出5張

成交金額是：
53元×5000股=265,000元

賣出的手續費：
53元×5000股×
0.001425=377.625元

交易稅：265,000元×0.003=795元
融券手續費：265,000元×
0.0008=212元

券沖(賣股票你向券商那裡拿回來
的錢)
=265,000元-377元-795元-212元
=263,616元

3、總結：
這一筆當沖交易你的獲利是：

應收帳-應付帳=263,616元-250,356元=13,260元

▼另一種簡便的計算方式是

例如

當沖還要外加券商的手續費，簡易
算法成本乘1.007倍。所以，如果是
當沖交易，成本就要計算成：

50元×1.007=50.35元

比較

簡便法(股價×1.007)計算結果獲利(53-50.35)×5000股=13,250元

與細算法(如前)13,260元相差不遠

當沖交易者1天的時間表

上午9點～下午1點30分是當沖交易的時間，但投資人要做的功課遠比長線交易者要多很多，這是想多賺這一份錢該有的決心。

1.在前一天晚上，要看股價圖和財經新聞，找出明天可能會發生變動的股票。也就是找出在股價圖上出現轉捩點的個股，還有，因為企業公布了新的好消息極可能人氣升高的個股。之前我們曾提過，券商所提供的軟體可以設自選股，投資人可善加利用。

有不少當沖者每天晚上是利用看盤軟體按上下鍵一檔一檔看圖形找股票的，國內有上千檔股票，他們就這樣每天看一千多檔，可見，賺得到當沖的錢可是很費苦工的。

2.一大清早美股收盤的結果和相關新聞是一定要看的。一邊看就得一邊定計劃，例如「紐約道瓊已經大幅度下跌，今天應站在賣方。之前很有人氣的那支股票，如果股市變動下跌的話就會接近20日移動平均線，可能開始回升」……等。

在開盤前30分鐘內，也一定要看一下早上8點開盤的日本與韓國股市，美國前一晚（凌晨四點）收盤的結果對亞股的影響可以先從日、韓股開盤做參考。

3.開盤的前後30分鐘是很重要的時間，一面要看8：45分的台指期開盤，一面要擬定自己的交易計畫，因為開盤後你的想法也許會變成——

「開盤量沒有預想的多。這樣看來，開盤時的情況低於自己的預測，那就暫先不用買進吧。」

「從早上開始，這檔股票的買進量一直放大，將突破最高價。」……

4.交易時間終於開始了！對當沖交易者來說，開盤是最緊張和最不能平靜的時期，此時精神與體力都要很充足才能做出漂亮的交易。

集中精力的時間和放鬆的時間

不管你多麼喜歡股票，如果在1天的交易時間裏持續地買賣，專注力是有限的，而且長時間地盯著電腦看，眼睛會很累。實際上，在實戰交易中，有應當集中注意力的時間段和可以放鬆一下的時間段。

例如，交易最活躍、股價最容易發生變動的是開盤後30分鐘與收盤前30分鐘，這兩個時間往往決定當天股價走勢。所以，擬出自己作戰計畫之外也要顧慮到作戰時間，當沖交易十分耗精神和體力，有效率的"作戰"最重要並要一直保持心情愉快且有足夠判斷力。這一點跟其他股票投資人很不一樣。建議你可以閱讀由一位美國期貨資深交易員所寫的「幽靈的禮物」，書中他集30幾年的交易經驗，體悟出交易的態度與思維，遠比技術重要，這是做短線投資者不可或缺的難得好書。

● 當沖交易者一天的生活……

	前夜 戰鬥開始 確定明天的「交易備選個股」	找股價圖線●技術線轉強的個股●接近移動平均線和趨勢線 關注新聞●財報的發表、修正●國際新聞 候選名單研究●針對前一天的熱門與主流找對象
7:00	**起床** 開盤前的確認工作	國際盤●凌晨4點收盤的美股●比台灣早1小時開盤的日本、韓國走勢●8:45開盤的期貨看分析●許多分析師習慣早上才發短訊
9:00 **9:30**	**開盤後** 開盤後30分鐘最重要	看類股●比比看,開盤那一類股有異常?要做到市場的異常一眼就能看出來。看領導股●誰領漲?密切關注同一族群誰將跟上?
13:00 **13:30**	**收盤前** 收盤前30分鐘也很重要	收盤前30分鐘,有可能出現在明天行情中有大波動的訊息或個股,所以,這段時間要像開盤一樣,聚精會神的投入。
	收盤後 寫當沖的交易日誌	使用分K線圖,回顧當天的交易。思考自己的預測、想法以及策略是否正確?如果錯了,原因是什麼?

基本的看盤方法

看盤的版面，雖然每一家券商提供的版面有些微的差距，但一般都會有如右下角(範例來源：台証大三元)的行情表。其中會有最佳五檔、分時走勢圖、分價表……。

瞭解最佳五檔

想要了解目前投資人對於個股的買賣委託狀況可以看「最佳五檔」，以右頁的範例，某家企業早上10點31分，委託以112元賣出的有38張，以113元賣出的有20張……；以111元要買進的有4張，掛110元買進的有5張……，這就是最佳五檔的功能。

在交易時間內如果委託買進和委託賣出撮合成功(其中包含以市價買賣的單子)，買賣就成立，原本你在版面上看得到的委託單將從版面上消失。

像這樣，每加入一筆委託單，最佳五檔的版面的數字就會變動，而每成立一筆買賣，成交明細表的畫面就會閃爍一下，並更新資料。這種「閃一下」「數字變換一下」的交易氣氛對當沖投資人相當有感染力，能讓投資人明顯的感受到股市的氣氛。當然，也通常只有當沖交易者，比較會在乎那麼頻繁的行情跳動。

不錯過盤面瞬間變化！

看行情表最精彩的地方就是，盤面的氣氛突然發生顯著變化的瞬間。這些瞬間，往往是開始表現出強烈的上漲(下跌)的時候。

再回到右頁。行情在10點30分之前，盤勢沒有什麼動靜，但在10點31分高價處突然多了很多賣單掛在那裡，讓氣氛有些沈重。但是，在10點34分突然出現大量買進，112元的38張賣單和113元的20張賣單都被消化掉了。

這種交易成立的情形，可在「分價明細表」上查看，這個表就是股票交易記錄，股票每筆成交的記錄會秀在這裡，每成功交易一次，最下面的資料就會往上跳一個位置(有些軟體是由上往下跳，參考時間就知道)。以這個例子而言，10點32分連續進來大批的買單，讓原先在高價要賣的單子一個一個地消失了。

這樣氣氛的轉變，讓10點31分之前的沈重氣氛一下子改變了。因為強大的買進力量開始發揮作用，顯然這似乎存在著某個讓股票上漲的因素。很多已經在等待的買方投資人就開始敲進買單，所以，在10點34分情勢變成買單量變多!當沖投資人最簡易最傳統的交易模式就是一旦發現了股市出現這種勢頭，就立即加入「人多的那一方」，一旦發現它有衰退的跡象，就趕快賣出。甚至是立刻加入反方向「人多的地方」。

※開盤後15分鐘的5分鐘K線漲跌關係一整天的行情，被歸類為「開盤八法」詳見「股票初見面 看盤選股」。

● 分價明細和最佳五檔的變化是一整套的。

分價明細表

時間	成交	單量	總量
10：31	112	2	632
10：31	112	1	633
10：32	112	20	653
10：32	112	10	663
10：32	112	8	671
10：33	113	10	681
10：33	113	5	686
10：33	113	5	691
10：33	114	2	693
10：33	114	1	694
10：33	114	22	716
10：33	115	2	718
10：34	115	1	719
10：34	115	5	724
10：34	115	10	734

按時間不斷更新

10:31在112元大的委賣單在10:32時，全被買走了。

在114元又出現了大買單!

最佳五檔10：

買量	買價	賣價	賣量
4	111	112	38
5	110	113	20
12	109	114	25
13	108	115	18
16	107	116	10

掛賣的單比買的單多很多，看起來賣壓很重。

3分鐘後……

最佳五檔10：

買量	買價	賣價	賣量
10	115	116	10
15	114	117	5
20	113	118	10
35	112	119	6
12	111	120	5

變多了!

委託的賣單被快速的買單消化，之後，還湧進很多買單進來。

透過看「最佳五檔」確認委託情況!透過看「成交明細」來確定成交方法。

最佳五檔

分價明細

畫面來源:台証大三元

看盤的3個竅門！

當 沖能獲勝，掌握「盤感」是因素之一，特別是「量大」時的盤面變化。換句話說就是要把注意力集中在「從靜態急速變化到動態」的上面。

具體如何運用在看盤上呢？

歸納為以下的三點：

1.看最佳五檔那裡出現了量大的委託單。是賣？還是買？妥託要賣的量多，行情就容易下跌；妥託要買的量多就容易上漲。

不過，股價變化沒那麼簡單！

例如，當出現了大量委託買單卻看不見行情真的上漲時，可以看作是「上漲動力不足的證據」。

試想，如果搶這檔股票的人很多的話，大量的買方委託單（靜態的）應該會受到刺激，使得高價買進（動態的）應該會出現，但若實際上這個一動態並沒有出現，也就是價格一直沒有上漲，那麼那一些等得不耐煩的買方交易者就會大量取消妥託或反手賣出股票，原先大量的買單在盤面上會消失，最後甚至可能出現暴跌。這情況經常出現。

所以，當你發現「啊！出現了很多大量的買方委託單喔！我也買吧！」而以市價買入時，很可能才一瞬間明明很大量的買方委託單一下子就不見了！所以，要有靈活的交易對策，不能直接斷定出現量大的委託單就一定會走單邊行情。

量大+高價反而是警戒的信號

2.如果量大的賣出委託被順利的消化掉，而且行情也真的是強力上漲，一般都會認為「對了!這是要上漲的強力證據!」

但是，在這種情形下，必須考慮成交的價位是處於高檔區還是在低檔區。如果是低檔區的話，直接把它看成上漲力強勁也是OK的，但是如果發生在持續上漲後，出現「量大的賣出委託被買進」的動態，將可能是上漲動力耗盡的標誌，之後可能出現暴跌。這也常出現。

從轉捩點揣測「看不見的委託」

3.所謂「最佳五檔」也就是盤面中最多只出現買、賣各五檔，因此，在這之外還有很多「看不見的委託」所以投資人要養成揣測那些沒有在最佳五檔之列及以市價進場的交易者心裡在想什麼。例如，行情雖然持續上漲，可是，很多投資人在看到股票價格持續上漲後，會想要立刻獲利了結，反而會出現賣單齊發的情況，股票價格就很可能出現暴跌。所以，投資人要在重要的行情揣摩那些「看不見的投資人」他們的反應，因為在接近重要的行情關卡時買、賣股票的人會增加，其中包括①出現過的最高價和最低價；②型態波動範圍；③重要的移動平均線；④整數關卡如：50元、100元這樣的整數轉折點。

● 三個看盤技巧說明

6004-1

①即使出現了「量大的買單」也不能掉以輕心

即使量大的買單出現，也
不能篤定必漲。因為可能
有以下情形－－
1.出現大買單但價格沒上
漲的情形；
2.在大量買單和大量賣單
抵消的情形，行情還是
不動；
3.委託買單的投資人中途
把委託單取消。

買量	買價	賣價	賣量
12	110	111	5
15	109	112	7
6	108	113	10
5	107	114	6
52	106	115	12

➡

買量	買價	賣價	賣量
5	107	108	10
2	106	109	6
4	105	110	7
5	104	111	8
2	103	112	4

雖然出現了大量的買量，
但接近成交時50張委託買
單突然不見了！

突然
暴跌！

第6天——當沖交易

②在「量大的賣單」被吃掉但仍保持高價時，也需要謹慎。

6004-2

所謂量大的賣單，指的是想
以這個價格賣出的勢力很
大，若能順利的被買單消
化，可以判斷有上漲潛力。
但是，如果這是在高價圈內
發生，也有可能是要買進的
人都買完了，能量耗盡行情
即將轉為下跌。

一下子
就被
吃掉了
……！

買量	買價	賣價	賣量
4	109	110	300
12	108	111	20
7	107	112	15
21	106	113	18
10	105	114	7

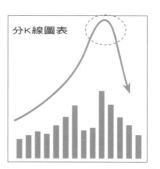

分K線圖表

③要經常思考看不見的版面

6004-3

在右邊的例子中，雖然還
沒看見120元的賣單，但也
許它真的存在。
投資人委託買賣的價位常
在關鍵價處，所以遇些重要
關卡，投資人要特別注意。
當然，也不能忘記，許多人
是以市價即時買賣，從盤面
就更猜不出來。

看起來股價上漲中……

買量	買價	賣價	賣量
10	112	113	5
12	111	114	4
7	110	115	5
8	109	116	2
9	108	117	6
		118	4
		119	15
		120	50

看得見的版面

看不見的版面

有看不見的大賣單
等在那邊，這種機率
不是沒有哦！！

找適合「速戰速決」的標的

當沖是一種極短線的交易方式，它跟一般選股方式有很大的不同。沒有所謂「這檔股票已經跌深了，或許會反彈…」這種模糊的、中道的選股思維，它的選股標的就是最熱門、關注的人最多的個股。也就是熱門股與主流股。

為了提高當沖交易的成功率，首先要選擇「容易在當沖交易獲利的個股」，它必需符合：

適合當沖交易股票的3個條件！

①價格變動幅度非常大。

如果再更具體詳細的說明，首先，因為當天交易是要在一天之內完成股票的買和賣，為了獲得利潤，必需選擇在一天中股價變動幅度很大的個股。如果投資人在當天取得的利潤率為1%（假設投資金額為50萬元，就賺5000元），一天之內的股價變動就需要3%左右。以(1301)台塑為例，2008年7月

行情波動很大，就價格變動這一點是合格的。

②流動性非常高。

另外，必須是成交量高的股票。要是成交量低的話，盤面上所列出的買賣掛單可能會是稀稀疏疏的狀態，就不能進行隨心所欲的買賣。

③最好是自己熟悉的股票。

不論交易的週期是長期還是短期，投資人都需要懂得股票的分類，而這在以當沖為主的交易中更顯得重要，因為國內的股票有很明顯的類股齊漲齊跌的特性。例如，當奇美電漲停，勢必也會帶動友達、廣輝、華映、彩晶的表現；如果聯發科已經亮燈漲停，相關族群也會跟著上漲（概念股請上網查詢）。

概念股的分類跟上市類股十九類、上櫃類股十一類不同，齊漲齊跌的效應更明顯，所以，投資人平日就要關注概念類股的分類，一碰到行情的時候就能立刻反應。

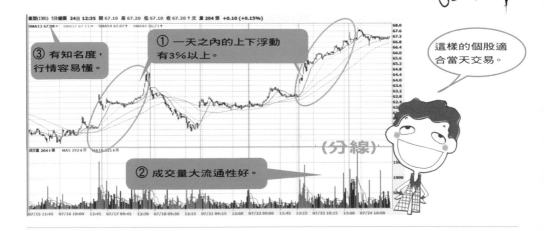

（分線）

③ 有知名度，行情容易懂。

① 一天之內的上下浮動有3%以上。

② 成交量大流通性好。

這樣的個股適合當天交易。

● 今天是"當沖天"嗎?

開盤前至少要先觀察以下幾個地方再決定今天到底適合當沖嗎?若適合
，是要站多方?還是空方?

期指開盤	期貨指數早台股15分鐘，台指期開高或開低，可預測台股。
委賣(買)張數	如果買單比賣單多很多，追高的意願會很明顯。如果開盤時每一筆買單在10張以上，賣單在7張以下，意味著法人在買散戶在賣；如果賣單10張以上，買單在7張以下，意味著法人在賣，散戶在買。
漲跌家數	開盤後15分鐘，如果已經有超過10家漲停鎖死，大盤今天漲的機會非常高；相反的超過10家跌停鎖死，今天就很難是漲勢。
昨天最強最弱	昨天最強的個股，開盤後若轉弱，今天就不容易漲；昨天最弱的股，開盤後轉強，今天就不容易跌。

Key-Word

委買、委賣、成交張數

以委買、委賣、成交總張數，分別除以委買、委賣、成交總筆數，就得到平均每筆委買、委賣、成交的張數，平均張數愈高，代表多為法人、主力在交易；若平均每筆張數愈低，則代表主要是散戶在買賣。以委買、委賣、成交的筆數來判斷當日行情，準確度頗高。若出現平均成交張數較前一日高、但平均成交筆數較前一日小，那麼可預測買盤來自大單較多，當天上漲的機會也較大。此外，若當日的成交筆數，較前一日明顯增加時，顯示買單可能來自散戶，此時就應留意，當日行情可能會下跌。

第6天——當沖交易

瞄準精力充沛的潛力股票

在 前一天晚上，如何捉住隔天可能有行情的個股呢?

成交量，是一個必要的參考指標。

股市變動向來是「量比價先行」，也就是先看到成交量之後才比較有可能出現漂亮的價格。而這裡所指的成交量，並非「絕對值」的成交量而「相對值」的成交量。

任何一檔股票的成交量如果是前一天的兩倍或兩倍以上，就算是大量；若是成交量是前一天的一半以下就算是少量，雖然這種估算是概略的算法，但可以當成一個基本，而前面提到的「相對值」這三個字很重要哦!因為個股的動能是否足夠?價、量算多?還是算少?都是一種「相對性」，也就是說它不但要跟自己前一天相比(或前三天平均相比，因為是當沖交易，所以，看好幾天前的數據並不是很有價值。)也要跟類股比、跟大盤比。如果站在這種「相對性」的比較基礎下表現很「突出」那就一定存在著某種也許你現在不清楚(新聞也不一定會出現)，但事實上是存在著的因素。

走勢突出的個股，有機會!

所以，在當沖的選股上，掌握住「異常」、「突出」，往往能選出讓人獲利的股票。就比方說，當大盤跌的時候，有的股票逆勢上漲，這就是一個值得關注的股票。為什麼呢?

試想，有什麼理由這檔股票會特別受投資人青睞呢?當大家都嚇得要死猛丟股票的時候，是什麼人?憑著什麼理由敢那麼大膽的買進股票呢?

我猜「是那些提早知道這家企業接獲大訂單的人吧!」或者「是已經知道公司派要準備護盤的吧!」我猜……不管投資人怎麼猜，只要股票相對於大盤的走勢很奇怪的，那表示一定有相當有力的理由在背後支撐，不管是預備大漲或大跌。而這些蛛絲馬跡就可以從「成交量」與「分時走勢圖」看出來。要掌握這種異常、突出的股票，排行榜是很便利的工具。不止是盤後可以看當天交易的情況，盤中也能即時掌握。

(下圖為嘉實資訊XQ軟體的排行榜範例。)

開盤量大股	第一筆(9:01)加權指數收到的時間成交量最大前50名												
商品	買進	賣出	成交	漲跌	漲跌幅	單量	總量	委買	委賣	昨收	內外盤比	均價	股本	盈餘	市值
>>第一金	29.40	29.45	29.45s	▼0.55	-1.83	1572	88046	95	92	30.00		30.28	609.16	0.57	1794.0
華航			11.20s	▲0.20	+1.82	1208	52728	995	138	11.00		11.31	450.52	-0.68	504.6
國產			15s	▲1.00	+6.92	2025	41794	6357	0	14.45		15.41	127.72	0.17	197.3
長榮航			70s	▲0.50	+4.46	1226	55939	218	294	11.20		11.63	390.68	-0.59	457.1
中鋼			85s	▲0.20	+0.45	2342	76638	128	236	44.65		45.04	1198.10	1.02	5373.5
大同			60s	▲0.70	+6.42	1746	76466	158	293	10.90		11.35	453.71	0.21	526.3
和鑫	8.30	8.30s		▼0.49	-5.57	1432	44251	1147	1	8.79		8.53	92.77	0.68	77.0
元大金	21.05	21.20	21.20s	▲0.15	+0.71	4265	100853	65	201	21.05		20.87	835.30	0.21	1770.8
英誌	3.30	3.31	3.31s	▲0.00	0.00	729	11998	16	229	3.31		3.24	30.26	-0.55	10.0
矽品	43.55	43.60	43.55s	▲0.20	+0.46	1049	37874	81	38	43.35		44.12	315.26	0.58	1373.0
寶來證	16.15	16.20	16.20s	▲0.70	+4.52	802	30819	165	208	15.50		15.97	203.69	0.27	330.0
新光金	18.90	18.95	18.90s	▲0.40	+2.16	2111	49421	316	43	18.50		18.85	539.39	-1.38	1019.4
台企銀	11.15	11.20	11.20s	0.00	0.00	825	22987	852	276	11.20		11.16	387.36	0.30	433.8

即時排行榜即時掌握行情。

● 成交量變化是選股關鍵

6006-2

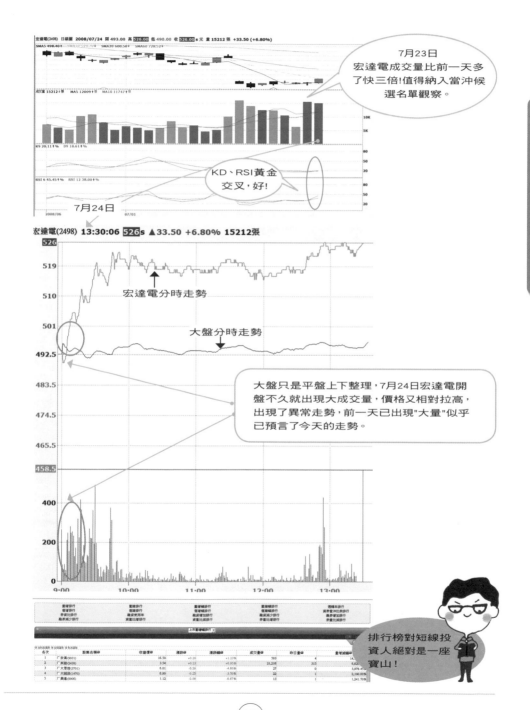

7月23日
宏達電成交量比前一天多了快三倍!值得納入當沖候選名單觀察。

KD、RSI黃金交叉,好!

7月24日

宏達電(2498) 13:30:06 526s ▲33.50 +6.80% 15212張

宏達電分時走勢

大盤分時走勢

大盤只是平盤上下整理,7月24日宏達電開盤不久就出現大成交量,價格又相對拉高,出現了異常走勢,前一天已出現"大量"似乎已預言了今天的走勢。

排行榜對短線投資人絕對是一座寶山!

捉住漲幅與成交量的領導股

在 股票市場，各個時期都有主流類股、領導個股，這種股票能夠牽動市場方向吸引投資者的目光。短期買賣，特別是在當沖交易中，更應該留心「現在，主導型個股是誰？」。

關注牽動行情的主導型個股。

如何找出「哪檔股是主導型？」每個人採用的方式不同，有一種方式是利用排行榜交叉比對看看「誰是股價漲幅、成交量漲幅在排行榜的排序中頻繁出現的個股」，這樣的個股顯然是被投資眾人一起關注的焦點。

這樣的主導型個股被確認以後，接著就要觀察它的價格變動，並捉住被它牽動而發生變動的股票尋找買賣時機。

右圖是國內的兩檔觀光類股2008年7月24日的五分鐘K線圖，在9點55分(2707)晶華出現了大買盤，股價一下子就拉高，而且氣勢很猛。另一檔同屬觀

光概念股的(5522)遠雄建設股價與成交量大約有一個小時不上不下，到了11點，也開始放量猛攻，跟晶華一樣，當天都強攻到漲停的位置。

當沖者應該像是一位游擊戰士，臨場的反應十分重要，如果發現某個股異常的表現就要立刻盯住與其同類股票還有誰的股價還沒有漲，並快手快腳的下單，就能搶到像晶華已經放量反應利多了，11點後遠雄也發動行情，像這樣的當沖交易，從進場到出場的時間可能不必超過半小時，有時幾分鐘就完成一次交易。

而要記住的是，這裡所指的行情領頭者可不是產業的龍頭哦!它跟大股本、高知名度、形象好的企業龍頭不同，它指的是當時氣勢最強的股票。通常是指漲幅最大、成交量也大的個股。

（下圖為嘉實資訊XQ軟體的排行榜範例）。

時間	商品	成交	漲跌	漲幅%	單量	總量	訊息
13:30:00	精威(6199)	15.30	0.70		37	223	一分鐘內跌2%以上(台灣)
13:30:00	巨圍(6238)	1.58				8	一分鐘內跌2%以上(台灣)
13:30:00	經緯(5206)	3.42				13	一分鐘內漲2%以上(台灣)
13:30:00	金革(9946)	13.50		盤中出現交易"異常"的訊息，在這裡"秀"出來!		14	一分鐘內漲2%以上(台灣)
13:30:00	宇環(3276)	12.00				62	一分鐘內漲2%以上(台灣)
13:30:00	天驥(3205)	6.09	0			28	一分鐘內漲2%以上(台灣)
13:30:00	健喬(4114)	25.75	1.60		62	992	一分鐘內漲2%以上(台灣)
13:30:00	聯上(4113)	10.65	0.05	-0.47	1	3	一分鐘內漲2%以上(台灣)
13:30:00	太欣(5302)	21.90	0.60	+2.82	122	1037	一分鐘內漲2%以上(台灣)
13:30:00	國精化(4722)	7.79	0.04	+0.52	3	70	一分鐘內漲2%以上(台灣)
13:30:00	華崗(5481)	11.55	0.15	+1.32	13	92	一分鐘內漲2%以上(台灣)
13:30:00	大宇資(6111)	12.35	0.20	-1.59	2	7	一分鐘內漲2%以上(台灣)
13:30:00	祥裕(5301)	4.54	0.24	+5.58	1	57	一分鐘內漲2%以上(台灣)
13:30:00	佳穎(3310)	15.90	0.60	+3.92	18	86	一分鐘內漲2%以上(台灣)
13:30:00	宇加(6250)	6.05	0.14	-2.26	3	9	一分鐘內漲2%以上(台灣)
13:30:00	新麥(1580)	28.50	0.40	+1.42	2	19	一分鐘內漲2%以上(台灣)
13:30:00	頂倫(3099)	5.10	0.19	+3.87	103	1084	一分鐘內漲2%以上(台灣)
13:30:00	力瑋(5398)	5.05	0.00	0.00	2	26	一分鐘內漲2%以上(台灣)

● 受到行情領頭者的牽動，類股同步變動可能性高。

6007-2

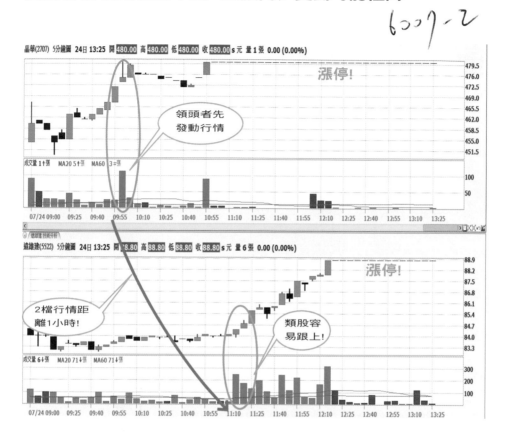

領頭者先
發動行情

晶華(2707) 5分鐘圖 24日13:25 開 480.00 高 480.00 低 480.00 收 480.00 s 元 量 1 張 0.00 (0.00%)

漲停！

成交量 1↑張　MA20 5↑張　MA60 3＝張

2檔行情距
离1小時！

類股容
易跟上！

遠雄建(5522) 5分鐘圖 24日13:25 開 88.80 高 88.80 低 88.80 收 88.80 s 元 量 6 張 0.00 (0.00%)

漲停！

成交量 6↓張　MA20 71↑張　MA60 71↓張

Key-Word

類股中，誰是老大？

當沖不是件很容易的事，這份工作一點也不輕鬆。以國內上千檔股票而言，投資人不論如何總得先懂得分類，因為每一類股的股性、每一檔股票獨特的走勢、習慣不是一天兩天就能摸熟的。例如，在類股領頭動中，誰是領頭的？誰是小跟班？配合即時新聞與當時的整體氣圍，還真是需要經驗與靈感。

當沖很重要的分K線圖

前　面就如何選擇當沖交易的標的做
了說明，以下的課程將說明當沖
交易的方式。

　　當沖交易，基本上和週交易中說明
的買賣模式一樣，不同的是時間段會更
細，一般都會看分K線圖。

　　分K線圖是指用一根K線，表示1分
鐘或者2分鐘……等等變動的K線圖。
雖然一般常採用的是5分鐘K線，可是如
果價格變動很大的股票，用2分鐘K線或
者3分鐘K線來分析也可以，目的就是要
「這檔個股的此時此刻，採用哪種分K
線，模式以及節奏比較容易分析？」

　　例如，(2536)宏普的5分鐘K線，行
情大約沿著25移動平均線的行情往上
走，和參考日線的方式一樣，移動平均
線也可以描繪股價走勢，所以行情回到

靠近均線是買點，要是發現了這樣清楚
的模式，就是一直下買上賣，在這個走
勢崩潰之前反復進行。

　　另外，也可採取三角波動、箱型整
理突破等等，也就是跟本書第2天、第3
天所學的看圖法相同。

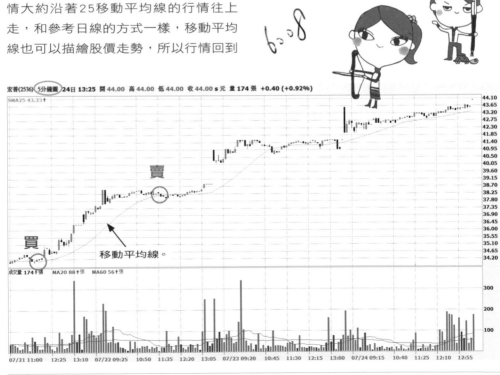

移動平均線。

指標範例盤前－RSI，盤中－MACD

K線的技術指標也都可以用在以分K線為主的當沖交易當中，不過，國內的短線投機色彩重，個股經常出現超買超賣的情況，與國外行之有年的技術指標用法有些微的差距，投資人可以自己調參數（詳見「股票初見面「看盤選股」與「短期交易」）讓指標更符合走勢，總之，不能只用一項技術指標也不能輕率的從技術指標就判斷買賣。

在選擇擇當沖交易個股之前，最好先把候選名單的日線圖用技術指標先比對一遍，例如，個股的日線RSI已經低於20，表示已進入超賣區，未來反彈機會很大，若是已經低到10，表示個股超賣非常嚴重，站在多方操作進場問題不大；若RSI已經高過80，表示個股買氣很旺，而且已經旺到超買的情況，再有

高點出現就是賣的時機，如果RSI已經破90，站多方的還不賣出就容易套牢。此外，RSI的取樣日期愈短，它所表達的訊息就愈敏感，例如，5日RSI就比20日RSI敏感，觀察這兩條線，若5日RSI高過20日RSI意味著買氣還是很強，但若是過熱就要小心回檔；若5日RSI低過20日RSI，表示買方的氣焰弱下來了，若是一直弱一直弱，反彈的機會就大了。像這樣，所有的指標都必須配合每股的股性做觀察，沒有放諸四海皆準的公式，只有經驗與靈感。

下圖是5分鐘K線用MACD的範例，MACD用在日線可以看中長期趨勢，用在分K線上也擅長捕捉走勢的發生和買賣的訊號。

第6天──當沖交易

機械式的利用綠柱減少：買；紅柱減少：賣(本圖僅為範例，實際交易時還是要配合其他指標)!

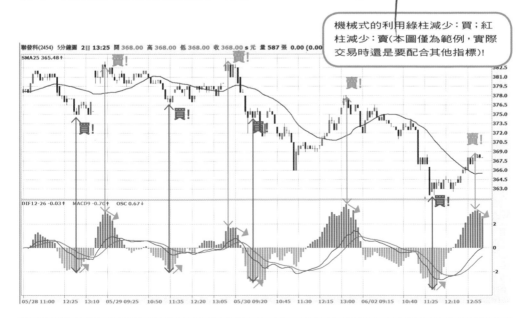

開盤逆向操作法

當沖交易一般都採順勢操作，也就是追逐氣勢上漲再更上漲的那個行情差價。可是，有些時候也可以採用逆勢操作法，也就是掌握住股價已經超跌的瞬間賺一小段。

比方說，一檔前一天處於跌勢的個股，今早以比昨天更低的價位開盤，但開盤後不久股價就有實力上升到前一天的最低價之上，當股價漲到比前一天低價更高一點時，這就是買進的位置。

而符合這個條件的前提是，個股從日線來看處於一個強勢上漲的趨勢。

在前一天的跌勢中，投資人本來信心就動搖了，今天一早一發現開盤又以低價開出「會不會一直跌下去」的不安讓心急的投資人一口氣賣出股票。但是，若之後出現認為「股價其實是太低了」的買方投資人，其氣勢可以把股價拉到比前一天的最低價更高的地方，就會出現與狼狽賣出者相反戰略的投資人，一起出手進一步推升股價。

以下圖的例子，從吉祥全的日線圖看，它持續著非常強的上漲走勢。經驗告訴我們，在這樣強的上漲走勢下，就算股價暫時下跌，之後出現回彈力也是值得期待的。而從7月23日的5分鐘K線看，沒有信心的投資人一直賣股票，所以當天收黑棒，7月24日一開盤，沒有信心的投資人就已經掛了賣單，開盤比昨天最低價還低，但隨後5分鐘內，買盤就已啟動，當股價回升到比前一天的最低價還高時，就可以進場了。

搶這種行情，視情況可以一個小時甚至幾分鐘就停利賣出了。

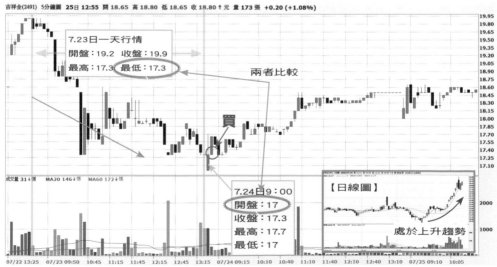

吉祥全(2491) 5分鐘圖 25日 12:55 開 18.65 高 18.80 低 18.65 收 18.80 ↑元 量 173 張 +0.20 (+1.08%)

7.23日一天行情
開盤：19.2 收盤：19.9
最高：17.3 最低：17.3

兩者比較

買

7.24日9：00
開盤：17
收盤：17.3
最高：17.7
最低：17

【日線圖】

處於上升趨勢

適合當沖的網路下單

現在，網路證券提供的資訊和交易工具不斷的發展。對於「怎麼快速地拿到資訊」和「怎麼以最快的速度買賣」對當沖交易者十分重要，所以，如果想學習當沖可得時時關心這類工具的發展情況，以便採用最新最好的功能。

下圖是一個很普遍的例子。

往常到證券公司看盤，看到快速閃動的行情，正準備向營業員下單時，自己滿意的價位可能已經不見了。如果你是用網路下單的話，以台証大三元的看盤下單軟體為例，只要在最佳五檔的價格處點兩下，立刻就能送出委託單。如果你想要刪單或改量程序一樣非常方便。

對當沖交易者最重要的還有就是掌握瞬間行情與新聞，學習日新月異不斷升級的網路軟體，是交易的好幫手，且能更精準的掌握行情哦！

第6天──當沖交易

6.11

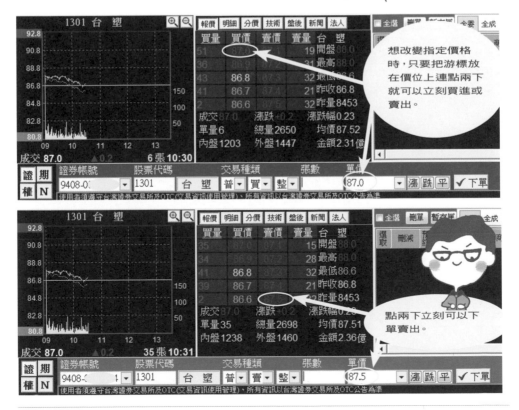

Day7

我的錢不多，
想了解以小搏大的方式；
即使行情下跌，
我也希望有賺錢機會……
第七天，
介紹可以實現這個願望的信用交易。

信用交易=高風險+高報酬

所謂的信用交易是指，借錢買進股票(融資)，或者借股票賣出(融券)。

信用交易是把現金或股票抵押在證券公司，用比保證金大的金額進行股票交易。例如，如果保證金是100萬元，就能進行大約200萬元的股票交易。如果你夠高明，如此就能夠賺到相當於用自有資金進行交易的2倍利潤；但是要是失敗了，也會受到實際資金2倍的損失。

信用交易是透過借用現金和股票進行的交易，所以使用方法錯誤的話，就可能受到很大的經濟損失，但是如果正確的操作並運用自如的話，將會是非常便利的交易方法。而運用融券交易還能在股價下跌時賺取先高賣再低買中間的利潤。

首先，要開立信用交易專用戶頭

進行信用交易前必須先在證券公司開信用交易專用的戶頭。開設信用交易戶頭後，才表示你可以利用信用交易進行股票的買賣，證券公司授予的信用額度是一種階段性的額度，金額會隨著擔保品(股票)的增減而變化。

信用交易以股票作為擔保品，因為股票的價格是浮動的，股票出現波動，信用額度也會波動。若投資人把信用額度全部用來交易，就得留意追繳保證金的問題。

Q 開設信用交易帳戶的條件?

A 委託人申請開立信用帳戶，應具備下列條件：

1.年滿二十歲。

2.開買賣帳戶滿三個月。

3.最近一年內委託買賣成交十筆以上，累積成交金額達所申請的融資額度50%。

4.最近一年的所得及各種財產合計達申請融資額度的30%。

(以上依不同券商，條件略有不同。)

Q 簡述信用交易的成數?

A 上市股融資自備成數是4成；上櫃股融資自備成數是5成。上市股和上櫃股融券都是自備9成。

如果個股被證交所警示，也就是飆得太猛或跌得太多會被降成數。

Q 擔保品一定要是現金嗎?

A 若沒有錢可以交割(付錢)，也可以用你持有的『現股』抵繳，但不可以用融資或融券的股票抵繳，只有現股可以抵繳。

● 信用交易的驚人之處！

700/

用自己少數的資金賺取更多利潤！	即使行情不好也能放空獲利！

在信用交易中，可以使用自己資金的數倍來進行交易。雖然自己的資金也許只有一半，投資所得的結果卻和全額負擔的時候一樣。可用少的資金有機會賺取大的利潤。

在信用交易中，也可進行融券（放空）交易。買現貨股當股價下跌時就會虧損，但是採融券交易在市場走下坡路時依然有機會獲利。

信用交易(槓桿原理)的效果

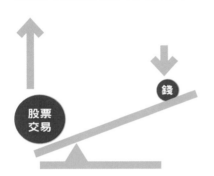

也就是把手頭資金變成倍數來搏取利潤。

能夠作為擔保品（保證金）的主要是股票和現金。

現股　　**和**　　現金

Key-Word

智慧投機

投資，不要輕易賭上任何你可能承擔不起的賭注。

如果你真的想在短線上獲利，應該只佔總體投資小於或等於10%，且最好把投機用的帳戶與長期獲利的帳戶分開處理，以免投機風險影響到財富管理。

要注意的是，就算在短線中獲利頗豐也不要繼續大量加碼。這次贏了大錢，並不代表下次同樣的好運也會降臨在你身上。

現股

就是現金買進的股票，不是採用信用交易，而是普通交易中買進的股票，能夠作為信用交易的擔保。

第7天—融資融券

127

融資融券的交易限制

信用交易的報酬伴隨著風險(見右圖試算),投資人一定要非常小心。此外,信用交易還有一些交易限制與規則。本文先從與信用交易規則有關的除權除息開始說明——

除權除息

先了解如何計算除權息後的股價:

1.只除息(只配股息)。假設小美公司股價50元,配息3元。只除息的狀況很簡單,把前一天的股價減去配息,就可以得到隔天的開盤價了,如例,隔日的開盤價就會是47元(50-3=47)。

2.只除權(只發股票)。假設小美公司股價50元,配0.5股。先知道配0.5股是什麼意思:一張股票的面額是十塊,所以配0.5股代表股票會從一張變成1.05張,所以隔天的開盤價為47.6(50/1.05=47.6)。

3.又除息又除權的情況。假設小美公司股價50元,配息3元,配股0.5,計算式是「先除息,再除權」。所以隔天開盤價的計算方式是:先除息,50-3=47;再除權,47/1.05=44.8。

融資融券的交易日期限制

為什麼要先講除權息呢?

因為除權除息之前會有幾個「日子」,是操作融資融券者必需要注意的。

以7/8除息的台塑做為例子。

1.先是「停止融券期」7/1-7/7,也就是除息日前的五個交易日不能用融券放空;

2.再來是「融券最後回補日」7/2,在這天之前所有的融券放空單都必須要強制的回補,也就是投資人要從市場上買回股票還給券商;

3.最後是「停止融資買進期」7/3-7/7,除息日前的三個交易日不能使用融資買進。也就是在這幾天,如果投資人要買台塑參加除權息必須要拿足額的資金才能操作,不過原本就是融資買的人不受任何影響,還是可以隨時出場;最後,在除息日7/8開始,融資融券就恢復正常。

以上這些資訊,投資人不用自己背,只要上證交所的網站或各大財經網都能找得到即時資料。

● 融資買進！

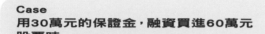

交付保證金：一般是現金、股票等。

證券
公司 ← → 投資
人

讓投資人可以買超過保證金數倍價格的股票

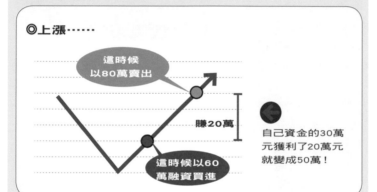

Case
用30萬元的保證金，融資買進60萬元
股票時……

◎上漲……

這時候
以80萬賣出

賺20萬

這時候以60
萬融資買進

自己資金的30萬
元獲利了20萬元
就變成50萬！

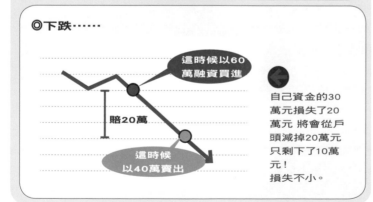

◎下跌……

這時候以60
萬融資買進

賠20萬

這時候
以40萬賣出

自己資金的30
萬元損失了20
萬元 將會從戶
頭減掉20萬元
只剩下了10萬
元！
損失不小。

融資買進的股
票，可以等賣
掉股票後把錢
還給券商，就是
「賣出償還」；
或者，請營業員
幫你算一下，要
補多少現金，把
股票變成現股，
這就是「現金償
還」。

融資買進後可選

賣出償還 OR 現金償還

補足錢，股
票變成現股

賣股票
錢還給券商

看壞行情，是融券的機會

這 檔股票現在是60元，但可能會下跌到40元……懷著這樣的想法，就可以進行融券（放空），如此才能獲得中間20元的利潤。

從證券公司借股票交易

一般的股票交易買進股票後再把買進的股票賣出，這樣就算一個交易完成。並儘量以最低價買進，然後以最高價賣出而獲得利潤。但是以融券交易情況則相反。

它是先向券商借股票賣出然後再從市場買回來還給券商的交易方式。因此儘量以高價賣出再以低價買進，之間的差額就是投資人的利潤。

實務上如何執行呢？

首先，並不是所有股票任何時間都可以融券放空（如前一節的時間限制說明）。目前規定信用交易除部份股票(如ETF及台灣50指數成分股)外，平盤以下不得融券賣出。所謂的平盤就是個股前一天的收盤價。假設小花花企業昨天收盤80元，今天80元以上(含)就可以放空。所以，要放空之前得先查一下這檔股票是否可以融券，這對當沖交易者尤其重要。

融券的好處是可以抓住下跌的走勢從中獲利，例如，以60萬元融券的股票以40萬元買回來時，就能賺得20萬元的利潤。但是相對的，如果融券後股票上漲到市價80萬元，因為融券有時間的限制，時常會發生即使心裡很不願意（因為預期股票會跌），但也得用80萬元高價買回，就會賠掉20萬元。

現貨買進股票，好處是若公司體質好，暫時的帳面損失不重要，投資人只要不賣出就不賠錢，但融券就必須在一定的時間之內買進股票還給證券公司。

融券買進的成本

買賣股票的手續費都是千分之一點四二五(0.001425)，賣出股票還要支付千分之三(0.003)的證券交易稅。而融券跟一般現股交易不同，它還多出了1.融券的利息開支，如果融券期間愈長，利息就愈多；2.借券費萬分之八(0.0008)；3.有時還會多加「標借費」。

什麼是「標借費」呢？

證券商把股票借投資人先賣，這些股票的來源是從自家公司別的投資人融資買進的股票而來的，也就是說，假設AA證券有小花花企業的100張融資，它才有小花花企業100張融券的額度可供投資人融券。如果其間有人賣出80張融資，但融券仍是100張，等於證券公司自己的額度就不足了，此時證券公司通常會先問投資人，要回補?還是要「標借」?若是選擇不回補，證券公司才會幫投資人到市場上去競標，而這個費用不像借券費萬分之八是一次性的，因為是向市場借股票，所以以天計費。

● 融券交易！

 證券公司 ───把股票借給投資人賣出。──→ 投資人

←──交付保證金：一般是現金、股票等。──

Case
以保證金54萬元，把60萬元的股票進行「融券賣出」時

◎下跌……

以60萬融券賣出

賺20萬

以40萬買進

← 自己資金的54萬元獲利了20萬元就變成74萬！

在股價下跌的時候，能夠賺到利潤的就是融券賣出了。

◎上漲……

這時候以80萬買進

賠20萬

這時候以60萬賣出

← 自己資金的54萬元損失了20萬元 將會從戶頭減掉20萬元只剩下了34萬元！
損失也不小。

────── 融券交易後可選 ──────

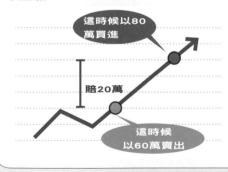

買進償還　**OR**　現券償還

買回股票還給證券公司　　　用同樣個股的現貨股償還

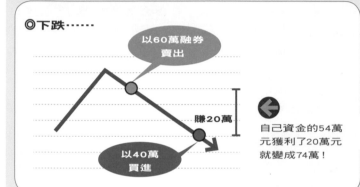

維持率的計算、追繳與斷頭

只要是從事信用交易，就必須對維持率、追繳與斷頭有所認識。

維持率是以市價除以融資金額所計算出來的比例。維持率的算法如下：

假設你融資買進一檔100元的股票融資成數6成，當股價在100元時的維持率=100/60×100%=167%

股票現值為分子，融資金額為分母再乘上100%就是融資維持率。

當股價跌到72元時維持率為72/60×100%=120%

如果投資人的維持率低於120%以下，就有追繳的壓力。換言之，100元的股票跌到低於72元便要準備現金以因應追繳。

為什麼要有追繳？又是誰在執行這項工作？

提供融資、融券的機構為保障自身權益，當股價下跌使得『整戶維持擔保率』低於 120% 時，會通知投資人當天下午補繳差額，若投資人未能於兩日內補繳而股價續跌到維持率在 120% 以下，則會遭證券商強制斷頭（ 也就是第三天直接幫你處理掉股票)！

為了防止被追繳的發生，信用交易要注意：

①不要把信用額度全部用來買賣。

②多用現金支付委託保證金。

③抽身要快，貫徹短期交易。

採信用交易需要支付利息等額外的成本費用，所以信用交易並不適用進行長期投資，萬一損失也要早早抽身。

追繳的概略計算式

證券商在計算維持率是以整戶計算的，也就是一個戶頭裡所有的股票，只要是採融資融券的全部一併計算，這裡的120%是隨財政部依市場狀況而定的標準，券商可在這標準中做彈性調整。

會不會被追繳？以下有簡單的公式：

條件設定：融資保證金成數自備上市4成 、上櫃6成。

融資追繳價 =

買進成交價 × 融資成數 × 追繳擔保維持率。 例：追繳擔保維持率：120% 、買進成交價：100元 。

上市融資追繳價：100 × 0.6 × 1.2 = 72元 ；上櫃融資追繳價：100 × 0.4 × 1.2 = 48元 。

又，假設你買進100萬元的股票，融資6成，也就是自己付40萬，券商借你60萬。維持率=166%(100萬/60萬)

結果股價下跌了30%，股價只剩70萬元，那麼券商借你的60萬，維持率則從原來的166%變成116%(70萬/60萬)。

券商接受你操作的金額上限是當初融資的1.2倍(維持率120%)也就是72萬(60萬×1.2)，當股價低於72萬，就至少得補繳保證金到72萬。

若今天股價跌到剩70萬，原先保證金只有40萬，現在就得被追繳現金32萬。

● 追繳，是顆恐怖的東西

7004

Case
買進100萬股票，融資6成，股價跌30%(70萬)的情況──

券商上限只借 72萬	原有的保證金 40萬	補繳保證金 32萬

為了維持維持率120%，最低應該把保證金補到72萬元。

這一天，現在只剩40萬元的保證金了，不足的32萬元必須以現金的形式支付。這就是追繳！

第二天，股價若再下跌，假設變成68萬元。再損失的2萬元仍要支付。又是追繳！

第三天，股價又再下跌。變成了65萬元、、、。　追繳一旦發生，若是股市又一直下跌，就沒完沒了的出現。

Key-Word

查詢信用維持率

透過交易畫面可以查看保證金維持率，所以要每天檢查帳戶。而且要在一早開始交易前就要先查看。萬一已經面臨被追繳，就要考慮是否賣出停損。

融資餘額、融券餘額與券資比

信用交易的動向和量的變動，是瞭解行情的能量以及供需狀況的線索。

融資餘額、融券餘額

投資人利用信用交易融資買股票的總額就是融資餘額；利用融券放空股票的總額就是融券餘額。

每一家企業可接受融資交易的股票是公司股票發行數量的25%(融資限額)，在計算上以融資餘額÷融資限額=融資使用率。

一般市場上所說的「融資餘額」通常單位是以金額計算，但在計算融資限額時，是以張數計算。另外，在看融資融券也會看到券資比(融券餘額÷融資餘額)、資券比(融資餘額÷融券餘額)以及資券相抵，一般「資券相抵」指的是信用交易之當日沖銷(賺賠為差價，不必付股款)，但在奇摩股市的資券變化中「資券相抵」是指融資餘額與融券餘額)相抵之後的餘額。以上都可用來做為股價走勢的判斷方式。

例如，看到融資餘額在一路增加時，代表現在有很多散戶買進，人氣很旺的證據，由此，可以判斷這支股票的上漲能量非常的強大。

融資融券，散戶指標

目前台灣的交易制度，外資、投信跟自營商都不能從事信用交易，所以，採用信用交易所衍生出來的資券變化就被視為「散戶」的動向。

當融資餘額愈來愈多，意味著散戶投資人看好未來，所以才會用借錢的方式買進，但如果融額餘額太高，代表很多人手上都有股票，並且在找時機點賣出，此時，股票要順利上漲就不容易。萬一整體行情不好，或有大的賣單出籠，還有可能引發恐慌性的殺盤，讓本來是站在多方(等股價上漲)的投資人在害怕愈跌愈深的情況下也狠狠的賣出，形成「多殺多」的下跌行情。所以，發現融資餘額增加但是股票的漲勢不漲時就要注意是否會引來大波的賣出高潮。相對的，若已經引發融資餘額快速減少，在「賣出壓力消失」的情況，視情況又是投資人買進的機會。

融券餘額若持續增加，代表投資人看空的很多，所以才會借股票來賣，但如果融券餘額太高，這些投資人反而成為潛在的買盤，為股價將來的上漲蓄積能量。

前文曾提過是先有融資的來源才會有融券，所以券資比都小於100%，也就是券比資多，當券資比的數字很高(沒有絕對值，可以跟同業比)，說明了看空這家企業的投資人非常的多，也許是某些消息靈通人士已得知消息，先放空等著新聞發布他們好大賺一票，而另外一層意義是養空、誘空、軋空的陷阱(見右頁說明)。

● 核對信用餘額！

7005-1

7005-2

放空股票風險不小。
此外，從事股票交易也不能
小看資、券的變化哦！

養空、誘空、軋空

當券資比很高時另外一層意義是主力作手先大量融資買進，讓行情漲到不合理的情況，當散戶看到這種不合理的漲勢會認為行情太高了，融券放空有利可圖(又稱：養空)，等到空方的投資人己經"養"到了一個程度了，主力作手再讓融資買進部位賣掉一部份，讓股價猛一看好像真的要下跌了，空方認為這真是好機會於是加碼放空(又稱：誘空)，等到主力認為融券餘額已經差不多了，再拉幾支漲停板並配合公司釋放利多。對散戶而言大漲+利多消息，是買進的大好機會，所以，外圍的散戶全都跑進來買股票了，人氣沸騰勢不可擋。這時，空方看到大勢已去，只好不情願的回補股票以停損。看到凌厲的漲勢，融券戶勢必心急如焚，一開盤就掛漲停板買，結果股價就愈買價格愈高。主力作手在股價到達自己的獲利滿足點之後就會慢慢的賣股票。而這些融券戶手上買進的股票可能就是大戶手上倒出來的籌碼，有心的主力拉股票就是為了賣股票(又稱：軋空)。在這種情況下，融券投資人是十分受傷的。

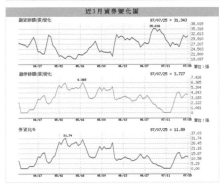

2330台積電　走勢圖　成交明細　技術分析　新聞　基本資料　籌碼分析

主力進出　資券變化

(奇摩股市→ 輸入股號→ 個股資料
→籌碼→資券變化)

7005-3

Key-Word

停資停券；限資限券

股東會、除權或開臨時股東會將暫停信用交易，就是停資停券。

每種可以做為融資交易股票，融資餘額如果達到該種股票上市股份25%時，就會暫停融資買進，等到融資餘額低於18%時，才會恢復融資交易，這就是限資。融券的情況也一樣，若發生這種情況，就叫限券。

相關訊息可到證券交易所網站查詢。(首頁→ 交易資訊→融資融券→停資停券預告表)

箱型買賣+雙交易

信用交易在股票投資上使用得很頻繁,本文列舉常見的兩種買賣戰略,熟悉它,就會發現信用交易其實好處不少。

箱型買賣

如果股價的走勢呈明顯的箱型變動,這對於投資者來說是一個不可多得的模式。只要箱型走勢沒有崩潰就可以繼續使用「在箱型底下買進,在箱型頂上賣出」這樣的戰略。而對於走勢很有把握的投資人,就更可以利用信用交易交替讓獲益倍增。

這種箱式的買賣,在買入現貨股的時候也很好用,如果與信用交易並用的話,賺取的機會就可以上升到2倍。如果可以預測箱型從下限到上限的變動,也可以預測從上限到下限的變動。所以不僅可以把在箱底買到的股票在箱頂的時候獲利賣出,還可以在箱頂的時候著手進行融券放空。

多空雙向交易

台股的波動向來很大,而且概念股齊漲齊跌非常明顯。利用信用交易可以融券放空的特點,可以進行一多一空的雙交易方式,獲取兩個價格變動同方向的個股因波動不同而獲得差價。

首先,找出同行業價格變動比較同步的2檔個股。然後,追溯過去,觀察一下這兩檔股價之間一會兒接近一會兒遠離的情況。

股價變動同步的2檔個股的股價拉開很大差距時,把「價格比較貴的一方做融券放空,價格比較便宜一方做買進」等到兩個價格變動接近時,同時完成一趟交易,也就是本做空的個股買回股票,而做多的個股也賣出股票。這樣就可以取得價格變動的差額。

圖例是同為LCD類股的友達與群創,觀察這兩檔股價的歷史走勢大約同步,在AA'群創股價高過友達很多,到了BB'兩家股價很接近,用本文說明的方式完成一趟交易,兩者之間就會出現一小段獲利空間。股價到CC'兩者距離又拉開了,到DD'又拉近,這又是一趟交易。

這個方法好處還在於,不管是股價的上漲還是下跌都可以獲得利潤。

這種雙交易需要選擇股價大致相同的股票,而且最好像圖例一樣事先將股價指數化,以利於比較。

本例是採用嘉實資訊的XQ看盤軟體。投資人可以查詢你開戶的證券公司所提供的看盤軟體可能也有這樣的功能,若沒有的話,也可以從鉅亨網(www.cnyes.com)台股→輸入股號→技術線圖→相對個股績效,找到比較圖。

● 信用交易活用範例

第一種 箱型買賣

7006—1
例—

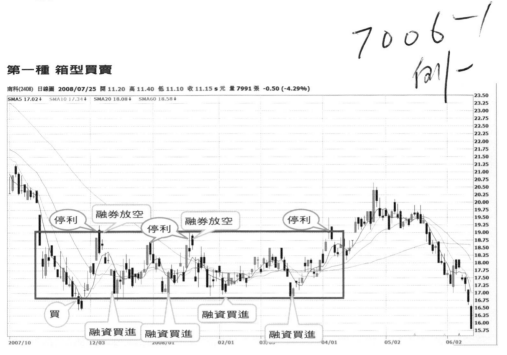

南科(2408) 日線圖 2008/07/25 開 11.20 高 11.40 低 11.10 收 11.15 s 元 量 7991 張 -0.50 (-4.29%)

第一種 多空雙交易

7006—2
例二

群創(3481) 日線圖 2008/07/25 開 54.70 高 54.70 低 52.80 收 54.30 s 元 量 25538 張 -1.20 (-2.16%)
友達(2409) 日線圖 2008/07/25 開 40.40 高 41.00 低 39.80 收 40.60 s 元 量 77665 張 -1.85 (-4.36%)

【內容摘錄】

LESSON 07　PBR ②

PBR＝1 是投資人觀察基礎

與本益比相比以PBR當成投資指標難度稍微大一些。一方面，PBR沒有像PER一樣可以很明顯的和市場平均及企業之間的比較機能。另外，股票投資大都以企業的收益力為著眼點，因此，比起每股淨值而言，每股盈餘更受重視。

換個角度說，對投資人而言，不管從資產面來看，這個企業的股價有多麼超值，只要收益性不好就不能稱之為「值得買進的股票」。再者，企業資產的內容是多樣的，有很多不能只靠每股淨值的金額來判斷財務的情況。因此，把PBR的角色設定為是在看完本益比以及企業成長率之後的輔助指標也可以。不過，這裡需要補充的是，「PBR＝1倍」卻是股價的一個大關鍵。這個關鍵點又不是營益率或本益比可以取代的。

PBR＝1倍也就是「股價＝每股淨值」，它意味著行情不容易再大跌的低價狀態(但不是不會再跌了哦!)以大

家都熟悉的台塑為例，假設現在台塑的股價是41.21元，也就是剛好等於它的每股淨值41.21元PBR＝1。假定企業解散價值還負責後所剩的資產分配給股東，每股拿回41.2元剛好相當於股價。也就是說股價再低的話，持有股票也擁有這樣的價值。對企業而言，因此，每股淨值常常成為股價下跌的最大極限，也就是說股價再怎麼慘怎麼慘，在每股淨值之下一定會有相當的實質。

舉一個老牌企業聲寶為例，從95年第四季，到96年第三季，它的每股淨值分別是：7.13、6.91、6.62、6.51，右圖是聲寶的周線價圖，仔細看看，雖然95年底聲寶從8塊多開始滑落，看起來也沒有任何回檔的跡象，但股價只要跌6.5左右也跌不下去了，顯然對投資人而言，把聲寶企業的資產全部變現至少也還能拿回所投入的，所以，股價在每股淨值的地方就形成支撐。

利用PBR找出很難賠的進場價位。

範例1：PBR不怎麼派上用場的情況。

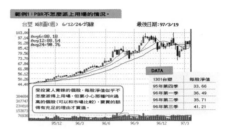

> 從投資人實賺的頃角，每股淨值似乎不怎麼派得上用場，但要小心那種PBR過高的頃股(可以和市場比較)，要買的話得有充足的理由才不買進。

範例2：PBR立刻派上用場的情況。

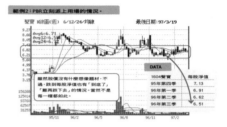

> 雖然股價沒有什麼想像題材，不過，跌到每股淨值後有「到底不了」、「壓再跌下去」的情況。當然不是每一檔都如此。

LESSON 04　指標活用 ①

低PER買進高PER賣出

右圖是(2548)華固近5年的股價圖與年度損益表。從2004年到2008年4月初上漲了3倍(從30幾塊到110多)看股價圖感嘆「要是在幾年前買了就賺」的人應該很多。若你上網查看還會看到華固2003年還曾出現每股只有5元的價位。

利用本益比 避免賣太早

事實上，就算用5元價格買進，能等到上漲幾倍的投資者也不多。大多數投資者在買進股票時，腦中大都已經構想好了目標賣出價格，一般會設定「比買進價格上漲10%」或者「比買進價格上漲3成」這樣的標準。華固的投資人也不例外，很多投資人在看到一定的上漲後就草草賣出。

如果你想從事短線交易，先確定賣出的目標價是投資方式之一(詳見本系列「看盤選股」與「短期交易」)，但是對於進入收益期擴大的企業，行

情往往超過自己設定的目標值很多。過早賣出的人往往事後才曉得，當時賣出的時機，反而是買進的好時機。

不只是買進，何時賣出也非常重要的。本文介紹利用投資指標PER作為衡量賣出時機的方式。

華固2004年12月底的股價是37.7元，用當時法人預估的2005年EPS為6.61元計算，得出來預估本益比=5.7倍。(但如果你採用的資料是過時的資料，也就是把股價除以2004年的實際EPS2.92元，得出來的本益比=12.91倍。從此可知，用錯資料差很多吧!)

OK，我們就先假設你用對了資料，並且法人(或媒體)預估的資料準度很高，你也比以37.7元買下了華固，心想「本益比這麼低，股價應該有機會上漲，設定股價漲50%為標準吧!……」如此，你可能在56元左右就高高興興的賣掉了。

這是方法之一。

但換個方法，如果設定「預估本

利用本益比做為賣出訊號(華固範例)

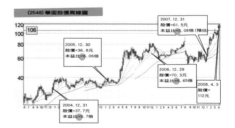

(2548)華固股價周線圖

	2007.12.31
	股價=61.5元
	本益比=5.08倍(預估)

	2005.12.30
	股價=36.8元
	本益比=6.06倍

	2006.12.29
	股價=70.3元
	本益比=6.65倍

	2008.4.3
	股價=112元

	2004.12.31
	股價=37.7元
	本益比=5.7倍

華固 2548 損益表　一般產業

單位：百萬元（季報簡表）（年報簡表）（季報詳表）（年報詳表）　最後更新日期：2008/4/2

期別	2007年	2006年	2005年	2004年	2003年	2002年	2001年	2000年
營業收入淨額	7,896	6,381	5,864	2,318	1,636	1,958	1,557	2,810
營業成本	5,323	4,672	4,368	1,604	1,533	1,777	1,175	2,172
營業毛利	2,573	1,709	1,496	714	103	182	382	638
營業費用	435	460	405	213	98	89	100	163
營業利益	2,139	1,250	1,091	501	6	93	282	476
營業外收入合計	94	45	43	34	14	11	16	46
營業外支出合計	3	4	41	78	31	62	27	30
稅前淨利	2,229	1,298	1,111	428	18	45	265	462
所得稅費用	101	67	10	40	4	19	19	-2
本期稅後淨利	2,128	1,224	1,101	388	14	31	246	463
每股盈餘(元)	10.56	6.07	6.44	2.92	0.12	0.29	2.15	4.47

PS：2008年法人預估每股盈餘12.1元

註釋　YAM天空股市（http://stock.yam.com）→股市首頁→鍵入代碼→技術線圖(上)損益表(下)

新米系列 一文一圖 理財學習第一品牌

股票初見面 本益比
定價 220元

初次學習股票
市場知識入門書!

股票初見面 長期投資
定價 220元

交易模組計算
6年資產增10倍

股票初見面 短期交易
定價 220元

學習型態、量能
低買高賣賺短差!

股票初見面 看盤選股
定價 299元

如何看盤?選股?
實戰獲利無敵強!

股票初見面 投資指標
定價 299元

PBR、ROE…
善用指標賺滿滿

基金初見面 選對基金
定價 299元

認識世界經濟
基金獲利密碼!

【訂購方式】
郵局劃撥:帳號/19329140 戶名
/恆兆文化有限公司 ●ATM匯款:銀
行/合作金庫(代碼006)/三興分行
/1405-717-327091 ●貨到付款:敬請
來電02.27369882告知送貨地址即可 ●
網路刷卡:網站www.book2000.com.tw

■大批訂購另有折扣,歡迎來電——

☎02-27369882 📠02-27338407
http://www.book2000.com.tw

─幽靈的禮物─

作者：亞瑟‧辛普森 美國期貨大師「交易圈中的幽靈」

「交易是失敗者的遊戲，最好的輸家會成為最終的贏家。接受這份禮物，你的投資事業將重新開始，並走向令你無法想像的坦途。」

─作手─

作者：壽江 中國最具思潮震撼力的金融操盤家

「踏進投機之門十餘載的心歷路程，實戰期貨市場全記錄，描繪出投機者臨場時的心性修養、取捨拿捏的空靈境界。」

定價：399元

定價：399元

交易是失敗者的遊戲，
最好的輸家會成為最終的贏家。

投資交易將重新開始，
並走向令你無法想像的坦途。

【訂購方式】

郵局劃撥：帳號/19329140　戶名/恆兆文
化有限公司　●ATM匯款：銀行/合作金庫
（代碼006）/三興分行/1405-717-327091
●貨到付款：敬請來電02.27369882告知
送貨地址即可　●網路刷卡：網站www.
book2000.com.tw

■大批訂購另有折扣，歡迎來電——

☎02-27369882　📠02-27338407
http://www.book2000.com.

· 國家圖書館出版品預行編目資料

7天，股票新手到獲利/新米太郎編著.
臺北市：恆兆文化，2008.07
面；　公分
ISBN 978-986-84148-3-9（平裝）
1.股票 2.股票投資

563.53　　　　　　　97011481

硬MOOK
投資001

7天，股票新手到獲利

出版所	恆兆文化有限公司
	Heng Zhao Culture Co.LTD
	www.book2000.com.tw
發 行 人	張正
作　者	新米太郎
封面設計	羅宜凡
責任編輯	文喜
插　畫	韋懿容
電　話	+886.2.27369882
傳　真	+886.2.27338407
地　址	台北市吳興街118巷25弄2號2樓
	110,2F,NO.2,ALLEY.25,LANE.118,WuXing St.,
	XinYi District,Taipei,R.O.China
出版日期	2008年8月初版一刷
I S B N	978-986-84148-3-9（平裝）
劃撥帳號	19329140 戶名 恆兆文化有限公司
定　價	299元
總 經 銷	農學社股份有限公司 電話 02.29178022

· 著作權所有，本圖文非經同意不得轉載，如發現書頁有裝訂錯誤或污損事情，
　請寄回本公司調換。
ALL RIGHTS RESERVED.